Católicos Mexicoamericanos

Eduardo C. Fernández, SJ

Paulist Press
New York / Mahwah, NJ

Las citas de las Escrituras aquí están tomadas de la *Biblia de Jerusalén Latinoamericana* (2007). Usada con permiso. Todos los derechos reservados.

Ilustración de la portada por carlos 401 / Shutterstock.com
Diseño de portada y libro de Lynn Else

Copyright © 2023 por Eduardo C. Fernandez (traducción en español)
© 2007 por Sociedad Católica de Educación Religiosa y Literaria
Traducido por Neela Kale Arguelles

Publicado originalmente en 2007 por Paulist Press como *Mexican-American Catholics*.

Todos los derechos reservados. Ninguna parte de esta publicación puede reproducirse, almacenarse en un sistema de recuperación o transmitirse en cualquier forma o por cualquier medio, ya sea electrónico, mecánico, fotocopia, grabación, escaneo u otro, sin el permiso previo por escrito del Editor o la autorización mediante el pago de la tarifa correspondiente por copia al Copyright Clearance Center, Inc., www.copyright.com. Las solicitudes al editor para obtener permiso deben dirigirse al Departamento de permisos, Paulist Press, permissions@paulistpress.com.

Library of Congress Cataloging-in-Publication Data
Names: Fernández, Eduardo C, author.
Title: Católicos Mexicoamericanos / Eduardo C Fernández, SJ.
Description: New York / Mahwah, NJ : Paulist Press, [2023] | Summary: "This book presents the history of Christianity in Mexico via Spain and offers pastoral strategies to meet the inherent challenges of being Mexican and Catholic in the United States"—Provided by publisher.
Identifiers: LCCN 2022029984 (print) | LCCN 2022029985 (ebook) | ISBN 9780809155460 (libro de bolsillo) | ISBN 9781587689444 (libro electrónico)
Subjects: LCSH: Mexican American Catholics—History.
Classification: LCC BX1407.M48 F468 2023 (print) | LCC BX1407.M48 (ebook)| DDC 282/.730896872—dc23/eng/20221026
LC record available at https://lccn.loc.gov/2022029984
LC ebook record available at https://lccn.loc.gov/2022029985

ISBN 978-0-8091-5546-0 (libro de bolsillo)
ISBN 978-1-58768-944-4 (libro electrónico)

Publicado por Paulist Press
997 Macarthur Boulevard
Mahwah, New Jersey 07430
www.paulistpress.com

Impreso y encuadernado en los
Estados Unidos de América

Índice

Prefacio v

1. Los orígenes de los mexicanos
   Un breve bosquejo de treinta siglos de la historia religiosa
   mexicana 1

2. Vivir entre dos mundos
   Un resumen de la historia de los mexicoamericanos y su
   realidad actual 20

3. La vida es sagrada
   La espiritualidad mexicana... 51

4. "¡Viva la Virgen!"
   Las fiestas y costumbres mexicanas............................... 66

5. La lectura de la Biblia en español
   Una teología contextual emergente................................ 87

6. Retos y oportunidades pastorales
   Preguntas frecuentes respecto a la pastoral con y entre los
   mexicanos y mexicoamericanos 110

7. Recursos
   ¿Cómo puedo aprender más sobre los católicos mexicanos y
   mexicoamericanos? 131

Notas 141

Prefacio

En junio de 2005, el gobierno mexicano abrió su cuadragésimo sexto consulado en los Estados Unidos en St. Paul, la capital del estado de Minnesota. Un área conocida más por sus raíces escandinavas que, por su sabor mexicano, en aquel momento contaba con "22 iglesias que ofrecían servicios en español, 9 periódicos en idioma español, 3 tortillerías y 9 ligas de futbol hispanas, principalmente de mexicanos"[1]. En 2007, el mismo país abrió su cuadragésimo séptimo consulado en Little Rock, Arkansas. Como demuestran estas dos ciudades, actualmente los mexicanos están migrando a lugares donde antes no habitaban. Como dice el dicho, "Vamos donde hay chamba", y la tasa de desempleo en Minnesota de 3,3 por ciento en aquel entonces, además de las tasas en muchos otros estados que buscaban mano de obra más barata, sigue siendo un factor que jala a los habitantes del país ubicado al sur del Río Grande, el cual ha tenido más de su cuota de problemas al ajustarse a una economía global.

¿Qué sucede cuando estos mexicanos empiezan a llegar a las parroquias estadounidenses que frecuentemente no están preparadas para acomodarlos? Este libro, que apareció inicialmente en inglés en 2007, pretende ser una introducción al ministerio con los mexicanos y mexicoamericanos y entre los mismos[2]. Siendo yo mismo un mexicoamericano, con tres abuelos que nacieron en México y fallecieron en los Estados Unidos, ya durante más de veinticinco años he observado nuestra historia, situación socioeconómica, teología, culto, práctica pastoral y espiritualidad, y he escrito y dado clases sobre los mismos. Para producir esta versión revisada en español, retomé y actualicé la obra anterior, no solamente a la luz del Censo de los Estados Unidos de 2020, sino también para incorporar material bibliográfico que ha salido de manera más reciente. He retenido la sabiduría oral de los agentes de pastoral, entre ellos hombres y mujeres laicos, mujeres religiosas y sacerdotes, cosechada de horas de entrevistas, porque han pasado la prueba del tiempo a lo largo de estos años. Al fijarme en quiénes habían citado mi texto anterior en inglés, me llamó la atención descubrir que se citaba en la literatura de la salud mental como una manera de recordarle a los profesionales de salud de la necesidad de tomar en cuenta el contexto espiritual y religioso de los mexicoamericanos para mejor ayudarles, afirmando estos pozos comunitarios de la sabiduría.

Se abre cada capítulo con un dicho. Tanto mi abuela, Emilia Carrasco, como mi tía, Amparo Mendoza, me enseñaron la sabiduría de este tipo de lenguaje, sobre todo para las personas que no sabían leer ni escribir. Durante siglos, la gente ha acudido a sus proverbios en tiempos de necesidad y tribulación. En tus apuros y afanes, acude a tus refranes[3]. Al predicar y enseñar, he admirado su capacidad de resumir y mantener vivos las grandes perspicacias humanas, así proporcionando "pautas para el desarrollo de actitudes, valores morales y comportamiento social"[4]. Como he aprendido a lo largo de los años de tratar con estos dichos, también conectan a las personas con sus seres queridos, frecuentemente a los padres y a las generaciones mayores.

Los siguientes capítulos no solamente presentan este material, sino también fuentes que los y las agentes de pastoral pueden consultar para mejor entender este grupo, que en realidad está compuesto de muchas poblaciones diversas[5]. En su mayoría, estas fuentes aparecen en las notas. Un aspecto frustrante de tratar de escribir un libro como el presente, tan exhaustivo en su alcance, es darse cuenta de que uno tiene que hacer ciertas generalizaciones

Prefacio

que tienen muchas excepciones, ya sea por la geografía, la clase social, las diferencias generacionales o simplemente los tiempos cambiantes. Si he logrado plantear más preguntas que ayudarán a fomentar un oído humilde y de escucha, en lugar de simplemente proporcionar respuestas fáciles, habré logrado mi objetivo. Aún para nosotros como mexicoamericanos, no podemos suponer que conocemos nuestra propia cultura, mucho menos nuestra teología emergente o la espiritualidad detrás de la misma. A final de todo, a veces como agentes de pastoral eso es lo mejor que podemos hacer mientras recorrimos los caminos y veredas, confiados que el mensaje del Evangelio tiene su poder propio.

Una palabra rápida respecto a la terminología: estoy usando las palabras "hispano/a" y "latino/a" de manera intercambiable[6]. Mientras que cada término tiene sus matices, se emplean de manera bastante flexible en las áreas que estoy investigando. Ya que los mexicanos constituyen la mayoría de la población hispana de los Estados Unidos, aproximadamente el 62 por ciento, frecuentemente aplicaré a los mexicanos lo que se dice de los hispanos en general. Es necesario hacer una distinción más compleja entre los mexicanos y los mexicoamericanos. Pero, ya que los mexicoamericanos frecuentemente son los hijos y los descendientes de generaciones posteriores de inmigrantes mexicanos, esta división no siempre funciona. Por esta falta de claridad, pido el perdón y la comprensión de los y las lectores.

De muchos sentidos, esta obra es producto de una "pastoral de conjunto", es decir, la teología pastoral realizada como grupo. Desde los amigos, exalumnos y colegas que me recolectaron artículos y recortes del periódico, a los que me concedieron entrevistas de manera tan amable, a los asistentes de investigación que buscaron materiales, a los que me permitieron usar su material escrito, a los que simplemente me ofrecieron una palabra de ánimo cuando estaba listo a abandonar el proyecto, he sido bendecido y sigo siendo bendecido con muchos compañeros fieles. De manera más específica, deseo reconocer a Anne Grycz y Timothy Matovina, que leyeron todo el borrador en inglés y me proporcionaron mucha retroalimentación valiosa. Otras personas que me han ayudado de manera inmensa con mi investigación a lo largo de los años son Lauren Guerra; Edilberto López; Dorothy Peterson, FCJ; Allan Figueroa Deck, SJ; Paul Vu, SJ; Roberto y Juanita Fernández; Joseph Doyle, SJ; Ponchie Vasquez, OFM; Ramón Caro; Cynthia D. Alvarez; Peter Brown; Timothy Godfrey, SJ; Sean Carroll, SJ; Kim Mallet; Sylvia Chacón, ASC; Ann Francis Monedero, OSF; Jerome Baggett; Gustavo Pérez; Yolanda Tarango, CCVI; Eduardo Calderón, SJ; Kenneth McGuire, CSP; Ronald González, SJ; Ronald Boudreaux, SJ; Juan Carlos Pulido; Sandra Torres; y Gerardo Cortes, SJ, quien fue nuestro anfitrión durante muchos viajes de inmersión de estudiantes que realizamos en México. Aún antes, Pedro José Martínez, SJ, el párroco de mi comunidad de origen, Nuestra Señora del Cármen en Ysleta, Texas, además de la directora de la escuela, Sor Ana Luisa Luna, CCVI, así también como algunos de nuestros maestros laicos, nos inculcaron un orgullo de ser mexicanos. También quiero agradecer la Fundación Lilly que proporcionó la beca inicial para investigación en sabático, por medio de la Asociación de Escuelas Teológicas (ATS, por sus siglas en inglés), la cual me permitió hacer la investigación durante el año académico de 2003–04. Mi propia institución, la Escuela Jesuita de Teología de la Universidad de Santa Clara, me otorgó un sabático de investigación en la primavera de 2022, el cual me permitió terminar las revisiones. Mi agradecimiento por su orientación y animación para este proyecto también extiende a Peter Phan, el editor de la Serie de Espiritualidad de Paulist Press; a Daniel Mulhall, el entonces editor gerente de la serie, y de manera más reciente a Diane Vescovi, editor principal. Mi traductora, Neela E. Kale Arguelles, asumió la tarea difícil de producir una redacción fluida de mi texto en inglés con gran finura, y Albert Douglas Honegan, mi asistente de investigación, buscó algunas citas difíciles en sus textos originales en español. La comunidad jesuita en la Universidad Loyola Marymount me proporcionó su hospitalidad generosa para que pudiera

Prefacio

investigar y escribir durante la primavera de 2022, y así es que a ellos, y a la Compañía de Jesús más amplia, hermanos en Cristo, a quien dedico este libro. Como amigos en el Señor, no solo me proporcionaron una excelente educación, sino también me enseñaron a escuchar los grandes deseos de mi corazón. ¡Muchísimas gracias, hermanos en Cristo!

Capítulo 1

Los orígenes de los mexicanos
Un breve bosquejo de treinta siglos de la historia religiosa mexicana

Dios los hace y solitos se juntan.

A diferencia de las culturas modernas, las cuales tienden a mirar hacia el futuro, al "progreso" visto frecuentemente como "lo más reciente y lo más rápido", las culturas tradicionales tienen la mirada fijada más en el pasado. Por este motivo, al tratar de lidiar con la complejidad de la cultura mexicana, no hay sustituto para el estudio de su historia. Los católicos mexicoamericanos son un pueblo orgulloso descendido de las civilizaciones indígenas aztecas, mayas y otras, cuya historia de la colonización española conllevó tanto la explotación y, paulatinamente, con el transcurso de los siglos, valiosos avances religiosos, culturales y económicos. Hasta el campesino más pobre trabajando hoy en las viñas de Napa en la región vinícola del norte de California posee un aprecio para esta historia intrincada tanto de lucha como de sobrevivencia en medio de grandes dificultades. Este capítulo resume brevemente la historia compleja de la nación mexicana, visto especialmente desde la perspectiva de sus instituciones sociales y religiosas.

Al viajar por México, al igual que con otras civilizaciones antiguas, uno no puede dejar de asombrarse por el número de monumentos religiosos, ya sean pirámides, iglesias o estructuras conmemorativas en las cumbres de los cerros, que se encuentran regados por la república. No quedan fuera ni las terminales de camiones, ya que es común ver pequeños altares allí, sobre todo dedicados a la Virgen de Guadalupe. Los mexicanos siempre han sido un pueblo extremadamente religioso—la religión y el fervor religioso no llegaron con los españoles—y ningún relato de su historia puede ser creíble si no toma en cuenta este fervor espiritual. El capítulo 3, el cual se enfoca en la espiritualidad mexicana, describe más esta religiosidad. Este bosquejo histórico presenta el papel que juega la religión formal en el desarrollo de una nación.

LA ÉPOCA PRECOLOMBINA

Durante 1990 y 1991 una exhibición de arte con el título "México: Los esplendores de treinta siglos" giró por varias ciudades en los Estados Unidos de América. Esta aseveración de treinta siglos fue difícil de aceptar para los americanos de los Estados Unidos de América. Para un país relativamente joven en donde lo que es mayor de cincuenta años se considera una antigüedad, la mención de una historia de treinta siglos, atribuido a un país inmediatamente al sur de sus fronteras, pareció, verdaderamente, una aseveración poco probable. Pero permanece el hecho de que no solamente se fundó en 1325 Tenochtitlán, la ciudad azteca que los españoles encontraron en 1519 y que hoy es el centro de la Ciudad de México, sino que su fundación se recurrió ampliamente en una herencia cultural rica del imperio azteca que ya tenía siglos de existencia. Las teorías de origen de los humanos en tierra americana describen una migración humana desde el continente asiático, probablemente empezando

Los orígenes de los mexicanos

hace unos 35.000 años por medio del entonces congelado estrecho de Bering. Se han encontrado rasgos humanos en México que datan desde 20.000 AC.

Se puede dividir el desarrollo del país geográficamente en dos regiones, norte y sur. La parte norteña, más árida, se compone de lo que es actualmente la parte de los Estados Unidos de América que abarca los estados de California, Arizona, Nuevo México y Colorado, y los estados mexicanos actuales de Baja California, Sonora, Chihuahua, Coahuila, Durango y Zacatecas. Los primeros habitantes de estas tierras, principalmente cazadores y pescadores, no establecieron ciudades grandes.

La porción sureña, lo que hoy se conoce como Mesoamérica, produjo varias culturas urbanas importantes, siendo la azteca la última de éstas antes de la llegada de los españoles en los principios del siglo XVI. De las varias grandes civilizaciones que florecieron en México antes de la azteca, la más antigua es la olmeca, ubicada cerca de la costa del golfo de México, en las tierras bajas de lo que es actualmente el sur de Veracruz y el estado colindante de Tabasco. Entre sus ciudades mayores se encuentran las que hoy son San Lorenzo, Veracruz, La Venta y Tres Zapotes. Estas ciudades florecieron de 1200 a 500 AC. Estas ciudades, distinguidas por un diseño que incluye los edificios ceremoniales erguidos sobre un eje de norte a sur, marcan un cambio notable de una forma de vida rural a una más urbana. Tal vez las imágenes más famosas dejadas por esta gran civilización son las grandes cabezas esculpidas de piedra; de las que se han descubierto la más alta tiene una medida de diez pies de altura.

Sin embargo, los olmecas dejaron mucho más que esculturas. El historiador mexicano Ignacio Bernal señala que el concepto matemático del cero es una innovación olmeca, corrigiendo la idea equivocada que el concepto fue creado por los mayas[1]. Las muchas otras contribuciones notables de los olmecas, incluyendo las del comercio, la organización social, el arte y la religión, influyeron en gran medida en las civilizaciones posteriores.

Católicos Mexicoamericanos

Los visitantes al valle de México hoy en día frecuentemente quedan asombrados por la inmensidad de las pirámides que se ubican a aproximadamente una hora de distancia, por camión, del centro de la ciudad. En cierto sentido esto es todo lo que queda del gran Teotihuacán, cuyo nombre quiere decir "ciudad de los dioses" o "lugar en donde se convierten en dioses". La más grande de las dos pirámides mayores, la Pirámide del Sol, surge a la altura de 216 pies. Esta ciudad, con una población estimada de 125.000 personas en su culmen (250–600 DC), data desde el inicio de la época cristiana y, en su momento, probablemente se encontraba entre las ciudades más pobladas del mundo. Esta civilización avanzada tenía escritura y libros, un sistema de números de rayas y puntos y el año sagrado de 260 días. Esta civilización fue saqueada por los invasores toltecas en algún momento entre el 650 y 900 DC.

Nuevamente, así como con los olmecas, una generación previa heredó a sus conquistadores la gran parte de su tradición, tecnología y creencias y símbolos religiosos. Por ejemplo, muchos de sus dioses, tales como la serpiente emplumada Quetzalcóatl, un símbolo de fertilidad y vida, y Tláloc, el dios de la lluvia y el agua, todavía se estaban venerando por los aztecas más de mil años después.

Dada la tendencia centralista de enfocar mucha de la historia de México en la capital, antes y después de la conquista española, frecuentemente se subestima la importancia de la civilización maya. Tan temprano como en 250 DC, el pueblo maya de la península de Yucatán y el bosque Petén de Guatemala ya estaba construyendo templos sofisticados en forma de pirámide. De hecho, ya para 1500 AC, los mayas estaban poblando aldeas y cultivando maíz, frijol y calabaza. A lo largo de su período clásico (250–900 DC), se destacaron por sus alianzas políticas, su arte sofisticado (el cual incluía el trabajo de oro y cobre), su arquitectura, un sistema de escritura, más desarrollo del calendario y su conocimiento de la astronomía (por ejemplo, pudieron predecir los eclipses solares y los movimientos de la luna y de Venus). Con el transcurso de los siglos, esta civilización compuesta de ciudades-estado abarcó

Los orígenes de los mexicanos

el área de Yucatán, Campeche y Guatemala, y extendió al sur hasta Honduras y el norte de Belice. Las casi cuarenta ciudades variaban en población de cinco mil a cincuenta mil, cada una conteniendo templos, palacios, canchas de juego de pelota y plazas sofisticadas.

Al final del siglo VIII, el comercio entre estas ciudades mayas se disminuyó y surgieron tensiones. Después del 900 DC, por motivos no totalmente claros, la civilización clásica decayó (algunos arqueólogos atribuyen la decadencia a los conflictos armados combinados con el agotamiento de la tierra cultivable). Cualquiera que sea el caso, las grandes ciudades y centros ceremoniales (cuyas ruinas siguen siendo impresionantes hoy en día) eventualmente se abandonaron. La mayoría de sus habitantes se migraron a la zona norte o a los altos de Chiapas. Cuando llegaron los españoles al principio del siglo XVI, los mayas básicamente eran agricultores y habitantes de aldeas, quienes todavía practicaban los ritos religiosos de sus antepasados.

Mientras que había otras civilizaciones notables que se desarrollaron en la región mesoamericana antes de la llegada de los europeos, así como la tolteca, nos enfocamos en los aztecas, cuyo gran imperio, centrado en lo que es hoy en día el centro de la Ciudad de México, se amasó por medio de la fuerza militar. Según la leyenda, los aztecas se vieron como el pueblo elegido de su dios tribal, Huitzilopochtli.

Originalmente come-serpientes y habitantes de las tierras pantanosas de la periferia, los aztecas, con la ayuda de sus aliados, eventualmente controlaron treinta y ocho provincias, con una población estimada de Cinco millones de personas, en la cumbre de su imperio, en un área del tamaño aproximado de Italia hoy en día. Como gobernadores de un imperio que exigía tributo de las tribus conquistadas, los aztecas, al igual que los romanos, fueron muy odiados por sus sujetos. Al escribir su historia décadas después, los aztecas hablaban de una señal recibido de los cielos que les revelaba en dónde habían de construir su gran ciudad. Esta señal, un águila posada en un nopal y devorando una serpiente, es el símbolo que todavía se encuentra en la bandera mexicana.

Herederos de la sabiduría artística y arquitectónica de las civilizaciones mesoamericanas previas, los aztecas construyeron una ciudad increíble, Tenochtitlán, la cual a principios del siglo XVI probablemente tenía una población de 200.000 en lo que algunos han llamado la "Venecia de las Américas". Expandiéndose desde las islas en el lago de Texcoco, en el corazón de la ciudad, construyeron una ciudad diseñada intrincadamente, completa con un sistema de riego para la agricultura, las terrazas y la recuperación de humedales. Además, tenían una manera de llevar el agua dulce al corazón de la ciudad, a la cual solamente se tenía acceso por medio de calzadas. Bernal Díaz de Castillo, cronista de la conquista española, documentó la impresión inicial de los españoles al verse enfrentados por estos logros arquitectónicos:

> Desde que vimos tantas ciudades y valles poblados en el agua y en la tierra firme y otras grandes poblaciones y aquella calzada tan derecha y por nivel como iba a México, nos quedamos admirados y decíamos que parecía a las cosas de encantamiento que cuentan en el libro Amadís, por las grandes torres y edificios que tenían dentro del agua y todos de cal y canto y aun algunos de nuestros soldados decían que si aquello que veían si era entre sueños y no es de maravillar que yo escriba aquí de esta manera, porque hay mucho que ponderar en ello. No sé cómo lo cuento, ver cosas nunca oídas, ni aún soñadas como veíamos.[2.]

Así como algunos de sus predecesores, los aztecas practicaron el sacrificio humano. Creían que su dios, el sol, necesitaba la sangre humana para mantenerse vivo. Si el sol contaba con la sangre humana, entonces podía dar calor y por consiguiente mantener toda la existencia humana. Si querían que el sol los cuidara,

Los orígenes de los mexicanos

tenían que cuidar el sol. Frecuentemente la sangre ofrecida provenía de un miembro de alguna tribu conquistada. Mientras que los españoles rápidamente condenaron dichas prácticas, viéndolas como demoniacos, el misionero dominico y gran defensor del pueblo indígena Fray Bartolomé de las Casas señaló su paralelo cristológico: Jesús, también, se ofrece y lo mejor que puede hacer un cristiano es ofrecer su vida para que otros puedan vivir[3].

Antes de describir la mentalidad de los españoles quienes vinieron a conquistar, sacamos varias conclusiones de este breve bosquejo de las civilizaciones indígenas que precedieron la presencia europea en Mesoamérica.

Primero, las poblaciones nativas no eran monolíticas. Existían muchas diferencias entre las varias tribus, no solo culturales y lingüísticas sino también políticas. El comandante español Hernán Cortés utilizó estas diferencias y rivalidades a su gran ventaja.

Segundo, debido a su rica historia de casi tres mil años, la civilización mexicana fue altamente compleja, al haber producido innovaciones escritas, tecnológicas, filosóficas y religiosas.

Finalmente, como lo demuestra el culto de Quetzalcóatl, sus creencias religiosas exhibían un grado alto de tenacidad. Fueron pueblos extremadamente religiosos y para ellos uno de los aspectos más desmoralizantes de la conquista fue que se destruyeran sus sistemas religiosos.

Los españoles que vinieron a las Américas fueron también extremadamente religiosos; posiblemente algunos fuesen fanáticos religiosos. Al momento que Colón estaba encontrándose con el Nuevo Mundo en 1492, el Rey Fernando y la Reina Isabel de España, después de haber unido militarmente sus reinos, estaban exiliando a los judíos y musulmanes españoles o exigiendo su conversión en un intento de unir su reino religiosamente. Por ende, prevalecía la mentalidad de la reconquista, el retomar de los musulmanes lo que anteriormente habían sido partes de la cristiandad. Las ciudades españolas que antes habían disfrutado la tolerancia religiosa, como Toledo, ahora se encontraban sujetas a esta nueva legislación. Además de la mentalidad de la reconquista existía también el sentir que, dada la pérdida terrible que la Iglesia Romana estaba sufriendo en Europa durante el tiempo de la Reforma Protestante (ya que Martín Lutero clavó sus noventa y cinco tesis a la puerta de la iglesia en Wittenberg, Alemania, en 1517), España sería el gran defensor y promotor de la fe católica, aún en el Nuevo Mundo. Se comentará más acerca de esta iniciativa después de un resumen de la conquista sangrienta.

LA CONQUISTA Y LA EVANGELIZACIÓN TEMPRANA

Una de las preguntas más comunes acerca de este momento en la historia es cómo el conquistador Hernán Cortés, quien llegó en México en 1519 con apenas 11 barcos, 550 hombres y 16 caballos, pudo derrotar en apenas dos años cortos un imperio tan poderoso como el de los aztecas. Cómo ya se mencionó, el imperio tenía muchos enemigos. Las tribus derrotadas se encontraban más que dispuestas a ayudar a los españoles, ansiosos por derrotar a los aztecas quienes les exigían tributo. Estas tribus desconocían que pronto padecerían el mismo destino que los señores del valle de México. También, dada la intriga política interna de los españoles que siguió de su llegada, Cortés logró ganarse más soldados a su lado, contando con unos dos mil hombres y, según sus propios escritos, cincuenta mil aliados indígenas. Además de la fuerza brutal de la guerra, los españoles también se trajeron muchas enfermedades europeas, como la viruela y el sarampión. Sin ninguna resistencia biológica a estas nuevas enfermedades, la gente indígena se enfermaba y fallecía. Empezando en 1520, las epidemias peligrosas pronto redujeron la población indígena por un 90 por ciento[4].

Otro factor que permitía el triunfo de los españoles fue la superioridad de sus armas. Los indígenas fueron simplemente horrorizados por el poder de los cañones y mosquetes. También

Los orígenes de los mexicanos

las tácticas de guerra psicológica que emplearon los españoles contribuyeron en gran parte a la caída del imperio azteca. Según la leyenda azteca, esperaban el regreso del dios-rey Quetzalcóatl desde el oriente en aproximadamente el mismo tiempo que llegaron los españoles. Ya que el dios-rey debía tener piel clara, el gobernante de los aztecas, Moctezuma II, se preguntaba si de verdad Cortés pudiera ser el esperado. La idea que estaban luchando contra dioses desmoralizó al ejército de Moctezuma. Cortés aprovechó esta creencia. Aquí no se pueden detallar los eventos dramáticos que siguieron, pero basta decir que Cortés, superando una serie de derrotas iniciales y con la ayuda de sus aliados, capturó la gran ciudad de Tenochtitlán en 1521. Los españoles renombraron la ciudad "México" y llamaron su colonia "Nueva España". La importancia de las apariciones guadalupanas durante este tiempo se tratará en la sección sobre la espiritualidad en el capítulo 3. Por el momento, lo más importante para recordar es que Nuestra Señora viene para consolar y defender a una población indígena aplastada[5].

Poco después de la caída de Tenochtitlán, Cortés, sospecho del clero seglar de España, le pidió al rey de España, Carlos V, mandar frailes franciscanos para empezar el proceso de la evangelización[6]. En 1523, los primeros tres franciscanos, originalmente de Bélgica, llegaron en México, siendo el más famoso de éstos Fray Pedro de Gante (fallecido en 1572), un hermano laico y pariente del rey, a quien se recuerda por su gran amor y respeto por las culturas indígenas. Juntos con los doce franciscanos quienes fueron enviados un año después, estos primeros misioneros fueron muy creativos en su modo de la evangelización de los pueblos indígenas. Formados en la tendencia humanista representado en el momento por pensadores como Erasmo (fallecido en 1536) y Tomás Moro (fallecido en 1535), dieron gran importancia al aprendizaje del idioma y la cultura del pueblo y a las Sagradas Escrituras. Fueron convencidos que la gente indígena se atraería por el cristianismo si los españoles y los misioneros les mostraran humildad como la de

Cristo en lugar de usar la fuerza. En esos primeros años, se traducían los textos cristianos a los idiomas nativos y se conservaron. Se fomentaba la educación de los líderes indígenas. Frecuentemente los frailes trataron de mostrar la compatibilidad de las creencias indígenas y cristianas.

En general, existía el sentido que, aunque el espíritu del cristianismo temprano se había corrompido en Europa, el Nuevo Mundo proporcionaría un contexto en el cual su espíritu podría reinstituirse. Las personas proféticas como el dominico Fray Bartolomé de las Casas (fallecido en 1566), quien denunció las violaciones de los derechos de los indígenas en las cortes de España, y el obispo Vasco de Quiroga (fallecido en 1565), quién fue pionero de cooperativas de artesanías al estilo de utopía en lo que es hoy la región del estado de Michoacán, creían que, para ser creíble el cristianismo, tenía que respectar la cultura local y ayudar a proveer por el bienestar físico de las personas. Desafortunadamente, los conquistadores no compartieron el mismo sentir. Las Casas escribió que, debido a su maltrato a manos de los españoles, las personas nativas sintieron que, si los españoles iban al cielo, mejor preferirían ir al infierno.

En 1527, se erigió la primera diócesis en Tlaxcala, Nueva España (cerca de la Ciudad de México), siendo el primero obispo Fray Julián Garcés, un dominico. En el espíritu de Bartolomé de las Casas, estaba convencido de la plena humanidad de los pueblos indígenas. Sin embargo, en el área de la evangelización, fue diferente de Cortés, quien, como otro franciscano famoso, Fray Toribio de Benavente (nombrado "Motolinia" por los nativos, que significa "el pobre"), favorecía primero el bautismo y luego la evangelización. Tanto Garcés como Motolinia (quién tomo el lado de Cortés) se preocupaban por la salvación de la gente del Nuevo Mundo. Sin embargo, fueron radicalmente diferentes sus métodos de evangelizar.

En 1537, el papa Pablo III publicó una bula con título *Sublimis Deus* en la cual reconoció la plena humanidad de los pueblos indígenas, e insistía que, ya que eran seres de razón y creados para ser libres, no se podían privar de su libertad o sus bienes. Se tenían que evangelizar de la manera de Cristo, de los apóstoles y de los grandes misioneros de la Iglesia. Unos años anteriores, en 1528, se había nombrado un obispo para la ciudad de México. Fray Juan de Zumárraga, un vasco franciscano, también era de la corriente humanista de Erasmo. Estaba convencido que la evangelización de los mexicanos tenía que seguir el ejemplo de Cristo y poner la religión al servicio de la gente. Introdujo la primera imprenta en todo América, que imprimió el primer catecismo para la instrucción de los pueblos indígenas (uno que había salido de lo que es actualmente la República Dominicana). Su táctica novedosa favorecía un método más bíblico y narrativo en lugar de uno más tradicional, escolástico y analítico. El obispo de México escogió claramente un método más inculturado[7]. La fe tenía que explicarse no como una serie de conceptos teológicos sino como la historia de la salvación. Innovaciones parecidas en el área de la arquitectura, como son las capillas al aire libre, respondían a la necesidad de catequizar a una población grande y administrar los sacramentos[8]. La historiadora mexicana Alejandra Moreno Toscano resume las contribuciones de los misioneros:

> Estos misioneros dejaron su huella no solo en la arquitectura de sus monasterios sino en muchos otros aspectos de la vida en la región. Durante el siglo XVI construyeron obras de ingeniería hidráulica, presas grandes y sistemas complejas de riego en México central y occidental (Yuriria), algunos de los cuales se encuentran todavía en servicio; también introdujeron el cultivo de ciertos tipos de verdura y árboles frutales. Ya que le cayó al misionero y al sacerdote dirigir las actividades de la comunidad y definir la nueva forma de organización social de esta gente conquistada, pronto se volvieron el eje de la vida de los indios[9].

En términos del método de la evangelización, la segunda mitad del siglo XVI no fue especialmente innovadora. Seguido del Concilio de Trento (1545–63), dominaba la preocupación por la ortodoxia, debido a los conflictos con la Reforma Protestante en Europa y la posibilidad del sincretismo entre los neófitos del Nuevo Mundo. A diferencia de los frailes franciscanos, dominicos y agustinos que los precedieron, los sacerdotes seglares que vinieron a México después de la evangelización temprana no fueron tan expertos o interesados en aprender los idiomas indígenas, así que ahora se ponía énfasis en el aprendizaje del español entre las poblaciones indígenas. Una de las decisiones más importantes que se hizo en este tiempo fue la decisión de no ordenar a los hombres indígenas al clero. Esta decisión, que afectó América latina de manera significativa en aquel entonces y los resultados de la cual se siguen percibiendo hasta ahora, se tomó porque se percibía que los hombres nativos no podían cumplir con el celibato y se consideraba que no eran lo suficientemente confiables para servir como agentes del estado español. Como resultado, durante siglos, la mayoría del clero mexicano nació en el exterior o fue de origen criollo, el nombre que se dio a los hijos de los españoles nacidos en la Américas. Fue hasta la segunda mitad del siglo XIX que finalmente surgió un clero mestizo. Además, fue hasta principios del siglo XX, cuando se hicieron leyes para expulsar al clero extranjero, que el liderazgo de la Iglesia local se transfirió al clero nativo.

LA ÉPOCA COLONIAL

Una de las fuerzas de mayor influencia en este período de la historia mexicana fue el sistema de patronato real. Ya que el rey de España estaba encargado de la misión de la evangelización en la Nueva España (México), la corona española apoyaba la Iglesia económicamente y contaba con la última palabra respecto al tipo de liderazgo que se mandaba a las colonias. La Iglesia y el estado

Los orígenes de los mexicanos

fueron uno, y de muchas maneras la Iglesia actuaba como un ramo del estado. Este subsidio del estado le permitió a la Iglesia construir muchas iglesias majestuosas que, hasta la fecha, siguen siendo tesoros nacionales. Mientras que el estado financiaba las campañas misioneras, la Iglesia asumió muchas de las obligaciones sociales de la colonia, tales como la educación y la salud, e incluso aseguraba el cumplimiento de la ley, el cual se llevó a cabo por medio de la Inquisición. El resultado fue que cada vez más las decisiones de la corona pesaban mucho en las actividades de la Iglesia.

La última de las órdenes religiosas principales que vinieron a Nueva España fueron los jesuitas, quienes llegaron en 1572. Enviados para evangelizar a los pueblos indígenas, pronto encontraron que se les solicitaban sus servicios educativos en muchas de las ciudades principales. Rápidamente se hallaron como los principales educadores de los criollos. No obstante, se encargaron de muchas misiones, particularmente en las partes noroestes de la colonia, Pimería Alta, la cual hoy abarca el estado de Arizona de los Estados Unidos de América y el estado mexicano de Sonora, junto con Baja California. Los jesuitas tenían la ventaja de poder aprender de lo que hacían las otras órdenes antes de su llegada en México, y muchos continuaron la tarea de la evangelización siguiendo una estrategia de la inculturación en términos de idioma, símbolos y organizaciones religiosas. Así como el gran fraile franciscano Bernardino Sahagún, quien escribió estudios detallados de las costumbres, ceremonias y prácticas religiosas indígenas, los jesuitas siguieron la corriente de aprender las culturas nativas e incluso de producir diccionarios e historias. También ayudaron a los criollos a forjar una identidad nacional. Los jesuitas fueron proindígena, el jesuita criollo Pedro José de Márquez manteniendo que "la verdadera filosofía no reconoce incapacidad en hombre alguno, o porque haya nacido blanco o negro, o porque haya sido educado en los polos o en la zona tórrida"[10]. De manera parecida, Francisco Xavier Clavijero, quien escribió una historia de México, fue convencido que los indígenas eran "tan capaces de todas las ciencias" como los europeos[11]. Al haber inculcado en muchos de sus alumnos un liberalismo intelectual, los jesuitas educaron a muchos de los criollos que eventualmente encabezaron la revolución de 1810 en contra de España para asegurar la independencia de México.

DE LA INDEPENDENCIA A LA NACIÓN AL MOMENTO ACTUAL

Aunque es imposible hacer justicia a los varios movimientos y eventos importantes respecto a la historia de la Iglesia mexicana durante esta época, se pueden sacar varias conclusiones. Uno, la Iglesia y el estado lidiaron una lucha intensa para el poder en contra de una tradición de tres siglos del patronato real. El gobierno recién formado buscaba controlar la Iglesia mientras que la Iglesia buscaba en otro lado, específicamente a Roma, para el liderazgo (de manera más concreta en el nombramiento de obispos). De cierto modo, el conflicto entre los dos grupos resultó del entendimiento moderno de la separación entre la Iglesia y el estado. Por ejemplo, cuando el estado asume control más importante del registro civil, se vuelve la responsabilidad del estado (y no de la Iglesia) sancionar y registrar los nacimientos, matrimonios y fallecimientos. Los mexicanos que no desean estar afiliados con la Iglesia católica aun así pueden registrar el nacimiento de sus hijos, solemnizar sus matrimonios y sepultar a sus muertos. De esta manera se garantiza la libertad de la religión[12]. A lo largo de la historia de México moderno, se debatía intensamente hasta qué punto la Iglesia podía ser dueño de tierras y de existir como corporación. A partir de los tiempos coloniales había adquirido mucha riqueza, pero también tenía responsabilidad de la mayoría de los servicios sociales que la gente necesitaba, tales como la educación, la salud y hasta cierto punto las responsabilidades judiciales (la Inquisición). Con el surgimiento de un estado moderno, el gobierno empezaba a asumir más de esas funciones. La Iglesia, correctamente preocupada por

Los orígenes de los mexicanos

los abusos gubernamentales en el pasado, pero también por conservar sus propias riquezas y privilegios, no se libraba de la política. Los sacerdotes que encabezaron la revolución de independencia en contra de España, por ejemplo, fueron excomulgados y adjudicados por la Iglesia. De manera parecida, durante la guerra entre los Estados Unidos y México, la cual duró de 1846 y 1848, la Iglesia se negó a prestar dinero al gobierno mexicano hacia su defensa en contra de los ejércitos invasores estadounidenses. Al final de esa guerra, México perdió aproximadamente la mitad de su territorio a los Estados Unidos de América.

Durante el siglo XIX, dos corrientes políticos tomaron el centro del escenario en México: el partido conservador, el cual favorecía un gobierno centralista con vínculos fuertes con la Iglesia, y un partido liberal, el cual apoyaba una federación de estados, parecido a los Estados Unidos de América, en la cual la Iglesia y el estado permanecen separados y el estado regula los actos de la Iglesia. Ya que tanto los liberales como los conservadores trataban de controlar la Iglesia, la Iglesia tuvo problemas con ambos. A la vista de los liberales—entre ellos Benito Juárez, quien alcanzó la presidencia y destituyó al emperador, Maximiliano de Habsburgo (quien había sido impuesto por Napoleón III de Francia durante los 1860)—existían dos instituciones que obstaculizaban un México moderno: los terrenos comunales indígenas, conocidos como ejidos, los cuales iban en contra de la idea moderna de la tenencia particular de la tierra; y la Iglesia. Por lo tanto, él y otros liberales pretendieron desmantelar la fuerza de ambos. Se expropiaron los terrenos indígenas y se vendieron a los individuos, y de manera parecida se nacionalizó la riqueza de la Iglesia.

En su afán de hacer de México una nación moderna al modelo de su vecino al norte, los liberales permitieron una manera alternativa de ser cristiano en México, es decir, el protestantismo. Percibido como libre de dogmatismo y más respetuoso de la conciencia individual, sobre todo como se veía en la interpretación personal de las Sagradas Escrituras, se presentaba como una mejor mentalidad para avanzar tanto los negocios como la tecnología, como se realizaba en la prosperidad tanto de los Estados Unidos de América como de Inglaterra. Los primeros misioneros protestantes para entrar en México fueron los metodistas quienes, imbuidos con una mentalidad del Evangelio social, contribuyeron al desarrollo social por medios como la educación. Otros grupos protestantes, particularmente los que tenían raíces en los Estados Unidos de América, siguieron su jugada y continúan llegando en México hasta tiempos actuales, siendo los más recientes entre ellos los pentecostales y evangélicos.

Durante el siglo XIX, según la Constitución de 1857, la Iglesia se toleraba, pero no tenía derechos jurídicos. Fue hasta la segunda mitad del siglo XX, durante la presidencia de Carlos Salinas de Gortari (1988–94), que se reconocía su existencia jurídica y se abrogaron las leyes que restringían el ejercicio de la religión. Irónicamente, fue durante este período de persecución de parte del estado, aproximadamente del tiempo de las Leyes de Reforma de 1857 hasta la época actual, que un clero mestizo echó raíces en México, una tendencia no tan marcada en muchos otros países latinoamericanos. Al limitar los poderes de la Iglesia y negarse a permitir que el clero extranjero ejerciera en México, el estado sin querer ayudó a crear una Iglesia más mexicana, en la cual florecieron varias comunidades religiosas mexicanas significativas, varoniles y femeniles, que hasta la fecha están enviando misioneros a otros países.

En los 1920 y 1930, los conflictos entre la Iglesia y el estado llegaron a su punto culminante cuando la revolución social, la cual empezó en 1910 con el derrote del dictador Porfirio Díaz, batallaba con la Iglesia para la lealtad de los campesinos. Díaz, quién reinó en el país durante más de treinta años, había sido favorable para los negocios extranjeros y los grandes terratenientes. Conforme los campesinos progresivamente empezaban a perder más de su tierra, incluso los terrenos dedicados a la agricultura de subsistencia, su grito bajo el liderazgo de revolucionarios tales como Emiliano Zapata y Pancho Villa se hizo: "¡Tierra y libertad!". En

Los orígenes de los mexicanos

1910 Francisco Madero encabezó una revuelta en contra de la dictadura de Díaz. Después de varios meses de combate, unidos con las fuerzas de Zapata y Villa, los soldados de Madero lograron una victoria decisiva en la batalla de Ciudad Juárez en 1911. Díaz renunció en mayo y se exilió. Respaldado por una coalición de facciones tanto urbanos como rurales, Madero asumió la presidencia. Sin embargo, no pudo mantener un gobierno unido. Fueron asesinados Madero y su vicepresidente, y las fuerzas revolucionarias se fracturaron en facciones contendientes. Fue hasta 1920, después de eliminarse varios rivales, que los victoriosos cautelosamente empezaron a implementar algunas de las reformas sociales y agrarias que se habían prometido en la Constitución de 1917.

Sin embargo, cuando se acabó la década trágica de 1910 a 1920, se había muerto aproximadamente una décima parte de los ciudadanos de México en una revolución sangrienta y muchos aún no habían logrado lo que buscaron con tanto sacrificio. Durante ese mismo período, la Iglesia, principalmente en el espíritu de *Rerum novarum* del papa León XIII (1891), se volvía más comprometida con los derechos de los obreros en un país que se veía cada vez más industrializado.

Al asumir la presidencia en 1924, Plutarco Elías Calles continuó el proceso del reparto de tierras e inauguró un programa ambicioso de obras públicas y reformas fiscales. Mientras que su predecesor, Álvaro Obregón, generalmente hacía caso omiso de los artículos anticlericales de la Constitución de 1917, Calles estaba decidido a hacerlos cumplir. Prohibió las procesiones religiosas y cerró escuelas, conventos y monasterios de la Iglesia. Además, requirió que los sacerdotes mexicanos se registraran con las autoridades civiles.

El 31 de julio de 1926, la jerarquía mexicana hizo represalia en contra de esta opresión política al suspender el culto religioso a lo largo de México. Los líderes católicos en Michoacán, Puebla, Oaxaca, Zacatecas, Nayarít y la provincia de Jalisco empezaron a organizar a la población católica para oponerse al gobierno anticlerical en la

Católicos Mexicoamericanos

Ciudad de México. Dos laicos prominentes, Anacleto González Flores y René Capistran Garza, encabezaron la resistencia en las ciudades. El general Enrique Gorostieta asumió el liderazgo de grupos guerrilleros en el campo. Ya que su grito fue "¡Viva Cristo Rey!", empezaron a conocerse como los cristeros. Su estrategia fue atacar las avanzadas militares del gobierno. Los cristeros no pudieron derrotar el ejército federal ni el ejército federal pudo suprimir a los cristeros. Cuando se acabó el mandato de Calles en 1928, los cristeros todavía presentaban una amenaza al gobierno revolucionario. La situación se encontraba en empate.

El embajador de los Estados Unidos de América, Dwight Morrow, desempeñó un papel importante en las negociaciones consiguientes. Facilitó reuniones entre Calles, Emilio Portes Gil (el nuevo presidente de la república) y el padre John Burke, un líder católico de gran influencia en los Estados Unidos de América. Para asegurar la participación de los obispos mexicanos en las negociaciones, Morrow facilitó el regreso de algunos de éstos a México. La mayoría de los prelados se encontraba en exilio o a escondidas. Para junio de 1929, los líderes de la Iglesia y del estado llegaron a un acuerdo. La jerarquía accedió a someterse al registro civil de los sacerdotes y a dejar de protestar la prohibición de educación religiosa en las escuelas. Los oficiales del gobierno declararon que no tenían el fin de destruir la Iglesia católica en México. Permitieron la instrucción religiosa, siempre y cuando que se llevara a cabo solamente en las iglesias. Los obispos ordenaron a los cristeros a dejar sus armas. Se dijeron a los sacerdotes que reanudaran los servicios religiosos.

La historia de la guerra cristera o cristiada, como se llegó a conocer, que en gran medida todavía se está escribiendo, es compleja. En teoría, por lo menos, la Iglesia mexicana dio su aprobación a estas revueltas, que contaban entre sus bajas algunos maestros de escuelas rurales, y después, una vez que habían dejado sus armas, muchos de los mismos cristeros. Más allá de las categorías simplistas de blanco y negro, bueno y malo, esta historia, aunque sin duda llena de relatos heroicos como los del beato Miguel Agustín Pro,

Los orígenes de los mexicanos

SJ, tiene que abarcar hasta qué punto los factores como el descontento de los campesinos y la resistencia de la Iglesia y su boicot de servicios religiosos debido a la persecución del gobierno desempeñó un papel significativo en su escalada.

A comparación con la Iglesia en otros países latinoamericanos hoy, en donde, por cierto, frecuentemente hay menos nativos entre el clero, la Iglesia en México es más conservador tanto políticamente como teológicamente. En un tiempo cuando todavía se encontraban vigentes las leyes anticlericales, la visita del papa Juan Pablo II a México en 1979 demostró más allá de la duda que la Iglesia, que tenía la capacidad de juntar a la gente en masivo, era una fuerza poderosa. Sin embargo, en el espíritu del Segundo Concilio Vaticano y Puebla, el lugar en México en donde el papa abrió esta reunión importante de los obispos latinoamericanos (el Consejo Episcopal de América Latina o CELAM), ha habido un interés renovado en la inculturación del Evangelio acompañado con una opción preferencial por los pobres. Algunos aseverarían que en tiempos recientes los líderes de la Iglesia han alzado menos la voz respecto a la inculturación y los pobres.

Como se ha demostrado este bosquejo histórico, el pueblo mexicano es un pueblo arraigado en la tradición y el cambio no se acepta tan fácilmente. Se puede mantener que su catolicismo es el más leal y resistente del mundo actual. Arraigado en el fervor indígena precristiano, sus primeros evangelizadores de manera creativa ayudaron a forjar una forma mexicana del catolicismo. Atravesando tensiones entre la Iglesia y el estado durante su historia, este catolicismo tiene historia de defender a los pobres y oprimidos, así como de formar parte de las estructuras opresivas. Como se verá en los siguientes capítulos, una vez que se cambia la vista a los mexicanos en los Estados Unidos de América, el aprecio de esta historia agridulce proporciona no solo una forma de análisis social en retrospectiva, sino también ejemplos de lo que sucede cuando las estructuras sociales y políticas nuevamente se alteran radicalmente.

Capítulo 2

Vivir entre dos mundos
Un resumen de la historia de los mexicoamericanos y su realidad actual

No soy de aquí, ni soy de allá[1].

En la película *Selena* de 1997, la historia trágica de una cantante tejana asesinada a balazos a la edad de veintitrés años, hay una escena significativa que ilustra el sentido de falta de lugar que sienten muchos mexicoamericanos, la frustración de siempre tener que navegar la identidad. Mientras maneja el camión familiar, su padre, Abraham Quintanilla, comparte su sabiduría (¡y su fastidio!) con sus hijos, Selena y Abraham, Jr.

> **Padre:** "Es difícil ser mexicoamericano. Los anglos se te echan encima si no hablas perfectamente el inglés. Los mexicanos se te echan encima si no hablas perfectamente el español. ¡Tenemos que ser dos veces más perfectos que todos los demás!... Nuestra familia ha estado aquí durante siglos. Y sin embargo nos tratan

Vivir entre dos mundos

como si acabamos de cruzar nadando el Río Grande. Tenemos que saber de John Wayne y de Pedro Infante. Tenemos que saber de Frank Sinatra y de Agustín Lara. ¡Tenemos que saber de Oprah y de Cristina! ¡La comida angla es desabrida y sin embargo cuando vamos a México nos da el chorrillo! Esto, a mí, me da vergüenza. Los japonés-americanos, los italiano-americanos, los alemán-americanos: su patria está al otro lado del océano. La nuestra está aquí a la puerta.... Y tenemos que comprobar a los mexicanos cuán mexicano que somos. Tenemos que comprobar a los americanos cuán americano que somos. Tenemos que ser más mexicano que los mexicanos y más americano que los americanos. ¡Ambas cosas a la vez! ¡Qué cansancio! ¡Caramba! ¡Nadie sabe lo difícil que es ser méxico-americano!

Selena: "Bueno, Papá, qué bueno que tenemos los frijoles y las tortillas para mantener la fuerza para la tarea... y el menudo"[2].

El capítulo anterior presentó treinta siglos de la historia mexicana. El presente capítulo abarca mucho menos cronológicamente, apenas unos siglos. Dado que el gran territorio que hoy definimos como el suroeste de los Estados Unidos hasta 1848 componía aproximadamente la mitad del terreno nacional mexicano, mucho de lo que se dijo en el capítulo anterior sigue relevante. Sin embargo, puestas las limitaciones de espacio de este libro, es importante enfocarnos ahora en los Estados Unidos de América, tanto para enfatizar la interrelación de estos dos países como para reconocer que los descendientes de estos habitantes mexicanos del suroeste, al igual que los hijos de inmigrantes, actualmente están viviendo en poblaciones crecientes a lo largo de todos los cincuenta estados[3]. Para describir las realidades actuales de los mexicoamericanos, este capítulo se surte extensamente de las fuentes históricas y sociológicas[4].

Por más que me gustaría incorporar en este relato la presencia histórica de los pueblos indígenas que habían vivido durante siglos sinnúmero en estas tierras conquistadas por España, me lo impiden las limitaciones de la extensión del libro. Por lo tanto, me enfocaré solamente en la historia de los mexicoamericanos. Es de felicitar que historiadores actuales, entre ellos Manuel G. González, están proporcionando material de fondo muy necesario sobre los pueblos indígenas al igual que sus conquistadores españoles para entender los rasgos políticos y culturales del suroeste actual. En la misma corriente, González tiene éxito poco común en demostrar la interconexión continua de México y los Estados Unidos de América[5].

ALGUNAS CONSIDERACIONES HISTÓRICAS

El período anterior a los Estados Unidos en el suroeste

Como sucede con cualquier territorio que haya experimentado innumerables cambios políticos en el transcurso de los siglos, sería imposible narrar aquí la historia completa de los hispanos en los Estados Unidos. Por lo tanto, se destacarán solamente unos cuantos puntos.

Cómo se mencionó arriba, la presencia hispana en las Américas comienza inmediatamente después de la llegada de Cristóbal Colón en 1492. Asentamientos españoles pronto se establecieron en el Caribe y se enviaron exploradores hacia las islas vecinas y la tierra firme que ahora corresponde a los Estados Unidos. Después de la conquista de las numerosas civilizaciones indígenas en México en la primera parte del siglo XVI, y poco después de otras en diversas partes de América, comenzó el proceso de evangelización de los indígenas. El principal vehículo para la evangelización

Vivir entre dos mundos

en el suroeste de los Estados Unidos y en el norte de México fue la misión, o las reducciones, como a veces se les ha designado[6].

El Plan Pastoral Nacional para el Ministerio Hispano[7], resumiendo este trabajo de las órdenes religiosas, describe las décadas posteriores:

> En el siglo XVII los misioneros franciscanos levantaron iglesias elegantes en las comunidades de los "Pueblo" de Nuevo México; los jesuitas en las laderas del oeste de Nueva España integraron las dispersas rancherías de los indios en eficientes sistemas sociales que elevaron el estilo de vida en la América árida. Pero la importancia primaria de la evangelización como piedra angular de la política real español sucumbió ante las ambiciones políticas del siglo XVIII. Las misiones cayeron víctimas del secularismo. Primero, los jesuitas fueron exiliados y la orden suprimida; los franciscanos y los dominicos trataron valientemente de detener la ola de absolutismo, pero sus miembros disminuyeron rápidamente y los servicios de la Iglesia para los pobres se desmoronaron[8].

Para complicar más la situación, esta área tan extensa, que pasó de pertenecer a España a formar parte del recién establecido país independiente de México en 1821, terminó como parte del territorio que los Estados Unidos adquirió con el Tratado de Guadalupe Hidalgo en 1848. Este pacto puso fin a la guerra de los Estados Unidos–México, y como resultado de la misma México perdió la mitad de su territorio.

De muchas maneras esta toma de poder por los Estados Unidos fue desastrosa para la población hispana nativa. En el transcurso de unos pocos años, muchas familias que habían vivido en estos territorios por siglos perdieron sus tierras y liderazgo nativo cuando el nuevo sistema legal angloamericano las absorbió[9]. Una comunidad tradicional que no había conocido ninguna separación entre la Iglesia y el estado, por ejemplo, se halló ahora en una situación muy diferente. A lo largo de muchos años de aislamiento, la tradición folclórica española se había aferrado. Espinoza describe la vida de Nuevo México en el siglo XVII:

> La historia de la cultura española en Nuevo México durante el siglo XVIII no era muy diferente de la del siglo XVII. Las actividades sociales y religiosas continuaron igual que antes. Siempre, hay que subrayarlo, Nuevo México fue una comunidad fronteriza aislada, su gente viviendo la vida sencilla rural de los pueblitos. Aparte de los trabajos en el pueblo o en el campo, había fiestas de la Iglesia, misas, bodas, bautizos y desfiles o ejercicios militares. Los colonos se reunían a menudo pública o privadamente para bailes, rezos, procesiones penitenciales, velorios para los difuntos y entierros. Durante celebraciones de esponsales, bodas y bautizos había banquetes, bebida, baile y canto de canciones populares y baladas[10].

En su libro *Occupied America: A History of Chicanos*, Rodolfo Acuña ha titulado su capítulo sobre la toma de poder en Nuevo México por parte de los Estados Unidos como "Libertad enjaulada: la colonización de Nuevo México"[11]. Este título describe vivamente la situación de los hispanos en el suroeste durante la segunda mitad del siglo XIX. Virgilio Elizondo, considerado por muchos como padre de la teología hispana en los Estados Unidos, recalca enérgicamente que el hispano del suroeste es un "exiliado que nunca salió de su casa"[12]. Entre las más grandes desilusiones para los hispanos en esta época fue la falta de apoyo de parte de la Iglesia católica romana.

Vivir entre dos mundos

La incorporación a los Estados Unidos

Poco después de la guerra se le dio a la jerarquía católica de los Estados Unidos el cargo de la Iglesia de esas tierras, que hoy abarcan la parte suroeste de los Estados Unidos. Puesto que la Iglesia de los Estados Unidos todavía se consideraba como territorio de misión, se traían prelados de España. Con la excepción de los casos de San Antonio y Dallas, todos los primeros obispos de las diócesis situadas en Nuevo México, Arizona, Colorado y Texas fueron franceses[13]. Fray Angélico Chávez, OFM, señala cierta ironía en el hecho que estos prelados fueran franceses, "puesto que los sacerdotes nativos, habiendo sido educados en Durango durante las revoluciones por la independencia, eran muy mexicanos. Había una invasión francesa y ellos eran muy antifranceses. Luego, ¡el que se les envió fue un francés!"[14]. Moisés Sandoval critica el comportamiento de algunos de estos "pastores extranjeros":

> Estos obispos, todos menos uno, nacidos en Europa, procuraron crear una iglesia parecida a la que ellos habían dejado. El que tal vez lo intentó con mayor esfuerzo fue Jean Baptiste Lamy, el primer obispo de Nuevo México. Alardeó de estar creando una pequeña Auvergne, el nombre de su provincia en Francia. Hasta el estilo arquitectónico de la catedral que empezó en Santa Fe era francés al igual que los artesanos que trajo para construirla[15].

Un laico originario de Nuevo México, Sandoval critica particularmente la falta de respeto que se le dio a la Iglesia indígena allí:

> Se les ha reconocido a Lamy y a su asociado, Joseph P. Machebeuf, más tarde el primer obispo de Denver, por traer la disciplina gálica a la Iglesia en Nuevo

México. Sin embargo, también causó divisiones que tardaron generaciones para reconciliarse. El Concilio de Baltimore había designado a Lamy para encabezar el vicariato de Nuevo México *in partibus infidelium* (en la región de los infieles), una fórmula fija para todo territorio misionero. Tal vez se justificaba la designación en Texas, considerando la cantidad de pueblos indígenas que aún no habían sido convertidos. Pero era claramente una afrenta para el catolicismo que había existido en Nuevo México durante 250 años. La visión tendenciosa de la Iglesia americana y de los obispos enviados al suroeste fue que había habido un periodo glorioso de evangelización por parte de los misioneros de España y un colapso casi total de la Iglesia durante el periodo mexicano. Tal vez eso explica por qué las relaciones entre Lamy y el clero nativo eran tan pobres[16].

Sandoval considera la situación de los hispanos católicos en Texas y California y llega a la misma conclusión: la Iglesia hispana había perdido a sus dirigentes nativos[17]. Con el tremendo influjo de los no hispanos en estos territorios, particularmente después de que Texas fue reconocido como estado y en California se descubriera el oro, los hispanos se encontraron más y más al margen no sólo de la sociedad en general sino también de la Iglesia.

Hacia el final del siglo XIX, los hispanos americanos en el suroeste no tenían voz institucional en la Iglesia. Los sacerdotes hispanos nativos que habían sido sus voceros hacia la mitad del siglo habían sido purgados o habían fallecido. La expulsión de los activistas había sido una potente lección para aquellos sacerdotes envejecidos que quedaban. Ellos se habían dado cuenta de que se podían quedar solamente si eran sumisos. Se habían desvanecido sin ruido[18].

Vivir entre dos mundos

El escritor de Nuevo México ve esta pérdida de liderazgo nativo como una de las principales razones por las cuales el laicado hispano siguió por su propio camino: "Por casi 300 años en Nuevo México, 200 años en Texas y 100 años en California, ellos dependieron, por necesidad, de sus propias tradiciones religiosas caseras. Éstas les sirvieron muy bien"[19].

Durante la segunda mitad del siglo XIX, la inmigración no hispana hacia el suroeste en poco tiempo hizo que la población hispana nativa se volviera una minoría. Al entrar en vigor un nuevo sistema completo, con su idioma y sistema de procuración de justicia totalmente diferentes, los hispanos se hallaron marginados, perdiendo muchas veces su tierra y por ende su poder político.

Hubo cierta migración al norte desde México en los años siguientes, pero estas migraciones llegaron a ser más numerosas en el siglo XX. Muchos llegaron a los Estados Unidos durante la época de la Revolución en las primeras décadas del siglo XX[20].

La Iglesia inmigrante en un país protestante

Hasta este punto, ¿cuál había sido la situación de la Iglesia católica en los Estados Unidos? El historiador de la Iglesia, Thomas Bokenkotter, distingue entre la situación en los varios territorios que eventualmente llegarían a formar parte del país y la de las trece colonias inglesas. Una breve historia del crecimiento de la Iglesia en el sur y en el suroeste hispanos ya se ha expuesto. Por lo tanto, hay que mencionar ahora la historia de la implantación de la Iglesia en el área francesa al norte. Bokenkotter escribe:

> Hacia el norte se ubicaba la enorme área francesa, que también atrajo muchos misioneros católicos, jesuitas, capuchinos, recoletos y otros. El sacerdote jesuita Jacques Marquette, descubridor del Mississippi, y los mártires jesuitas Isaac Jogues, Jean de Brébeuf y sus compañeros se hallaban entre los muchos que respondieron a las

necesidades espirituales y temporales de los hurones y de las otras tribus de indios. Los misioneros ayudaron también a establecer puestos fronterizos católicos en la región de los Grandes Lagos y hacia abajo por los valles de Ohio y de Mississippi, un capítulo de la historia católica evocado en los nombres de Detroit, Saint Louis, Vincennes, Louisville y Marietta[21].

Referente a las trece colonias inglesas, el historiador escribe acerca de la gradual restricción de la libertad religiosa para los católicos, que se afianzó con el amanecer de la hegemonía política protestante. Con la Revolución Americana, se levantaron muchas de estas restricciones y tanto Maryland como Pennsylvania aprobaron leyes de libertad religiosa en 1776[22].

A pesar de las dificultades enfrentadas por la Iglesia hispana en el suroeste en el siglo XIX, otros intentos misioneros en el país tuvieron un gran éxito.

Ningún territorio misionero en el siglo XIX registró avances más sensacionales que la Iglesia católica en Estados Unidos. Gracias a un influjo masivo de inmigrantes católicos—irlandeses, alemanes, italianos, polacos y otros—el crecimiento de la Iglesia católica superó mucho al de la nación. Los obispos americanos pudieron integrar exitosamente en las estructuras de la Iglesia a estos recién llegados, políglotas y heterogéneos, y proporcionar una extensa red de escuelas, hospitales y otras instituciones para ellos, por lo que pronto suscitaron la envidia de todo el mundo católico[23].

En un lapso de tiempo relativamente breve, la población católica completa, con toda su diversidad, creció más allá de cualquier pronóstico previsible. Bokenkotter detalla este crecimiento:

Vivir entre dos mundos

La inundación comenzó en la década de 1820, con la primera ola de inmigrantes irlandeses. Especialmente a causa de los inmigrantes irlandeses, el número de católicos brincó de aproximadamente 500 mil en 1830 (en la población de Estados Unidos de unos 12 millones) a 3 millones 103 mil en 1860 (en una población de 31.5 millones)—un aumento de más de 800 por ciento—y con un número de sacerdotes y de iglesias que aumentaban proporcionalmente. Tan grande fue este aumento que para 1850 el catolicismo romano, casi invisible numéricamente al nacimiento de la nación, ya se había convertido en la confesión religiosa más grande del país[24].

La marea de la migración europea continuó hasta la última parte del siglo XIX. Inmigraciones masivas de alemanes e italianos pronto se juntaron a la de los irlandeses:

La época siguiente, de 1860 a 1890, fue igualmente impresionante, porque el crecimiento de la Iglesia superó mucho el crecimiento de la población nacional: la Iglesia triplicaba sus números, mientras que la nación solamente los redoblaba. En 1890 los católicos eran 8 millones 909 mil de los 62 millones 947 mil habitantes de la nación. Los católicos alemanes, que anteriormente eran menos, comenzaron a casi igualar el número de inmigrantes irlandeses. La ola migratoria, que duró desde 1890 hasta las leyes sobre la inmigración de la década de 1920, trajo una preponderancia de italianos y europeos del este. En las dos décadas, de 1890 a 1910, los italianos solamente llegaron a un millón[25].

Como se dijo más arriba, la Iglesia de los Estados Unidos respondió admirablemente a estas oleadas de inmigrantes. Claro, abundaron las polémicas, como las que tenían que ver con el grado en que la Iglesia debería funcionar como "americanizador". Sin embargo, la realidad fue que por medio de las parroquias que ofrecieron alguna especie de refugio en un nuevo ambiente hostil, y las escuelas, que prepararon a una nueva generación para la vida en los Estados Unidos, la Iglesia se hizo la defensora de aquellos que habían venido a América buscando una vida mejor.

Conforme estos inmigrantes iban subiendo la escala social, también ascendió la Iglesia. Bokenkotter concluye su capítulo sobre la Iglesia norteamericana observando que, a mediados del siglo XX, ella también había hallado un hogar en los Estados Unidos:

> Para la década de 1950 era del todo evidente para muchos observadores que la Iglesia católica de Estados Unidos se había vuelto una institución completamente norteamericana. La era de dominación protestante había pasado. El significado político de este hecho sobresalió cuando se eligió a John F. Kennedy, el primer católico que llegó a ser Presidente de Estados Unidos, un suceso que, junto con el pontificado del Papa Juan XXIII y la convocación del concilio, marcó definitivamente el comienzo de una nueva era en la historia del catolicismo americano[26].

Antes de mencionar las nuevas olas de migración mexicana y de otros latinoamericanos, que continúan hasta la fecha, caben mencionar algunas observaciones acerca de las diferencias entre la migración anterior europea y mexicana[27]. Estas diferencias no contradicen ciertos aspectos semejantes. Por ejemplo, en la migración mexicana hacia el medio oeste que sucedía de aproximadamente 1900 a 1930, el contratista mexicano, tal como sus predecesores el *padrone* italiano o político irlandés, servía como enlace con la comunidad de los Estados Unidos. También las economías de aldea de estos inmigrantes europeos se habían interrumpido por el capitalismo vulnerando sus países de origen. Ellos, también, se

Vivir entre dos mundos

encontraban luchando por la sobrevivencia en un país nuevo y dependían de manera significativa en su familia y las sociedades de ayuda mutua para salir adelante. Sin embargo, hay algunas diferencias que se han de mencionar.

Para empezar, muchos de los inmigrantes europeos llegaron en los Estados Unidos de América con la mentalidad de que se quedarían permanentemente[28]. Separados de sus países natales por un océano, fue poco probable que pudieran ir y venir. Al contrario, los mexicanos se encontraban mucho más cerca de su país natal, y cuando se les trataban mal en los Estados Unidos de América, se podrían más fácilmente regresar a México, el cual se encontraba mucho más cerca que Europa. Además, fueron pocas las leyes en contra de la inmigración mexicana y frecuentemente no se hacían cumplir. Por lo tanto, los mexicanos frecuentemente cruzaban de ida y venida entre los dos países, a veces con la temporada.

Según González, también jugaba un papel la geografía. Los inmigrantes europeos como los alemanes frecuentemente aterrizaban en las ciudades orientales, las cuales eran más industrializadas, y después frecuentemente se trasladaban al medio oeste. A pesar de sueldos bajos y trabajos monótonos, podían encontrar allí trabajo estable, el cual permitía el florecimiento de guetos étnicos urbanos, los cuales no solo proporcionaban ayuda mutua e identidad, sino que también permitían que sus hijos recibieran el estudio y que sus trabajadores se organizaran. La diferencia con los mexicanos es que ellos más frecuentemente se acababan en áreas menos industrializadas y se encontraban trabajando en las industrias como la agricultura, la minería, el mantenimiento y reparación de los ferrocarriles y otros trabajos parecidos que a menudo exigían que se migraran frecuentemente. No solo no se podían organizar como trabajadores, sino que los trabajos de sueldos bajos les negaban los recursos necesarios para comprar terrenos, un defecto que tenía serias consecuencias políticas y sociales.

Tampoco hay que pasar por encima la diferencia en la documentación legal. En gran medida los europeos fueron inmigrantes legales, mientras que los mexicanos no. González cita algunas cifras importantes para indicar la diferencia:

> [Los inmigrantes europeos] llegaron a los centros de recepción del gobierno—siendo de ellos el más famoso el de la Isla Ellis en el puerto de Nueva York, establecido en 1892, el cual vio pasar a 12 millones de inmigrantes por sus salones de espera—y después de un proceso largo de certificación, se admitían solamente los que reunían los requisitos para la entrada. La migración mexicana fue en gran medida indocumentada. La mayoría de los inmigrantes del sur ingresaron al país sin documentos—Devra Weber estima que la cifra puede alcanzar hasta 80 por ciento de los trabajadores migrantes en aquel momento—un estatus que no causaba problema durante los 1920 (con excepción de la caída económica de 1921-1922), una década en la cual la falta severa de mano de obra requería la importación de mano de obra barata mexicana. Sin embargo empezando en 1929, cuando la legislación federal hizo una felonía la entrada ilegal en los Estados Unidos, el patrón de entrada irregular creaba muchas dificultades para los indocumentados[29].

Además de la documentación oficial, otra diferencia principal fue la raza. A los inmigrantes europeos se les consideraba blancos y a los mexicanos no. Para un país en el cual la raza siempre ha sido un tema explosivo, este no es detalle pequeño, sobre todo a la luz del prejuicio común que los blancos son superiores a los no blancos. Otros factores que dieron lugar a los sentimientos anti-mexicanos fueron históricos. González explica:

> La intensidad de los sentimientos anti-mexicanos entre los americanos también tenía que ver con la relación

Vivir entre dos mundos

que se había forjado históricamente entre los Estados Unidos y México. Al haber atraído a México a una guerra grande por una política maquiavélica y haberles despojado forzosamente a los mexicanos de la mitad de su territorio, los americanos justificaron su agresión al culpar a las víctimas. Además, la penetración económica del capitalismo americano a México durante el Porfiriato, así basado en la explotación de mano de obra nativa barata, fortaleció la creencia común que los mexicanos debían de ser serviles a los blancos. A diferencia de sus homólogos europeos, los mexicanos que ingresaron a los Estados Unidos se encontraban marginados desde el inicio[30].

González concluye que los resultados finales de estas diferencias, junto con el hecho que las grandes migraciones mexicanas sucedieron décadas después de las europeas, son que mientras que "los irlandeses, italianos y judíos se han absorto en la clase media, los mexicanos, por lo menos las tres cuartas partes de ellos, siguen siendo predominantemente gente de clase trabajadora"[31].

Una nueva ola de migración hispana

Además de los inmigrantes europeos, mucha gente de los países de habla española emigró a los Estados Unidos a finales del siglo XIX y durante el siglo XX. Entre los que componían este extenso grupo estaban los que huían de la inestabilidad política causada por la Revolución Mexicana, que estalló en 1910. La aprobación de ciertas leyes estadounidenses de cuotas, que acortaron la inmigración europea, también creó una demanda de mano de obra en la primera parte del siglo XX. Se reclutaron a mexicanos para llenar este hueco. En los años siguientes, muchos llegaron como trabajadores contratados, que luego estaban obligados a regresar a México cuando su trabajo se había cumplido, mientras que algunos entraron al país ilegalmente y permanecían por un tiempo o permanentemente[32]. Una vez que sus hijos nacían en los Estados Unidos (dado que el nacimiento en el territorio nacional da derecho a la ciudadanía estadounidense), era más fácil lograr el permiso legal para quedarse.

Las historias de otras migraciones de hispanos, tanto dentro del país como de fuera, son parecidas. Cuando algunos mexicoamericanos se trasladaron al oeste o al norte buscando empleo después de la segunda guerra mundial, oleadas de puertorriqueños y de cubanos llegaron a tierra firme. Una de las razones porque la gente salió de Puerto Rico era la pérdida masiva de trabajos en el sector agrícola. De 1940 a 1970, el número de empleos en el campo cayó de 230 mil a 70 mil[33]. Para el 2005, más de 875.000 cubanos habían inmigrado a los Estados Unidos de América durante el mandato de Fidel Castro después de la Revolución cubana en 1959[34]. Según la Oficina del Censo de los Estados Unidos de 2020, los hispanos son ahora el 69.4 por ciento de la población de Miami/Dade County, Florida[35]. Se ha visto en décadas recientes que los centroamericanos, especialmente nicaragüenses, salvadoreños y guatemaltecos, han migrado a los Estados Unidos en gran número. Al igual que sus predecesores, estos inmigrantes han sido motivados por el desasosiego político, amenazas de muerte y pobreza extrema en sus países de origen[36].

LOS ACTUALES "SIGNOS DE LOS TIEMPOS"

La situación socioeconómica actual de los hispanos en los Estados Unidos

Este breve resumen sobre la historia de los mexicanos en los Estados Unidos de América nos proporciona un telón de fondo útil para comprender la situación actual de estos pueblos. La verdad es que el gran progreso social para los mexicanos en los

Vivir entre dos mundos

Estados Unidos de América ha tardado mucho en llegar. Se puede decir lo mismo del grupo más amplio de pueblos hispanos en este país, principalmente descendientes del primer grupo europeo de pisar tierra en las Américas y de los pueblos indígenas que éstos conquistaron. Para el propósito de este análisis, dado que muchos datos demográficos se presentan en este agregado mayor, se describirá la población hispana o latina en su totalidad. Cuando se aplica, se darán ciertas cifras que se refieren específicamente a la población estadounidense de origen mexicano. Después de una primera descripción a grandes rasgos de la situación socioeconómica hispana, sigue una examinación del papel de la Iglesia a la luz de esta realidad sociológica hispana.

Primero, unas estadísticas de la Oficina del Censo de los Estados Unidos para aclarar un poco la realidad hispana[37]. En 2019, cuatro de cada cinco latinos fueron ciudadanos estadounidenses (más específicamente, el 80 por ciento de los latinos viviendo en el país, un aumento del 74 por ciento que fueron ciudadanos en 2010). Los latinos constituyen ahora el 19 por ciento de la población estadounidense en total, un aumento sobre el 16 por ciento de la población en 2010 y apenas el 5 por ciento en 1970. Los mexicanos son el grupo más numeroso (siendo casi el 62 por ciento de la población latina en total) mientras que las personas de origen puertorriqueña son el segundo grupo más grande (siendo el 9,7 por ciento). El aumento más rápido en población entre los latinos en los Estados Unidos ha sido entre las personas con orígenes en Venezuela, Guatemala y Honduras. El Pew Research Center reporta que "del 2010 al 2019, la población venezolana en los Estados Unidos aumentó el 126 por ciento a 540.000, sin duda la tasa más alta de crecimiento. Los guatemaltecos aumentaron sus números por el 49 por ciento, seguidos por el 47 por ciento entre la población hondureña. Para comparar, el número de personas de origen mexicano aumentó por apenas el 13 por ciento de 2010 a 2019, que se encuentra entre las tasas de crecimiento más bajas entre los principales grupos de origen"[38].

Católicos Mexicoamericanos

Ésta es una población impresionantemente joven. Sin embargo, es importante recordar que la principal fuente de crecimiento en la población latina en los Estados Unidos no es la inmigración sino los nacimientos en los Estados Unidos. Más de la tercera parte de los latinos todavía son menores de 18 años; seis de cada 10 son menores de 33. Con una población tan joven, no ha de sorprender que es tan alta la fluidez en inglés. Un motivo de este aumento en nacimientos de latinos nativos a los Estados Unidos, en parte, tiene que ver con el hecho que su edad mediana es menor (28,4 años) que la edad mediana general de los Estados Unidos (37,9)[39]. La población hispana en general, por lo tanto, es extremadamente joven y seguirá aumentando de manera significativa ya que tantas de las mujeres están en edad fértil, ¡un hecho que no se han de pasar por alto los agentes de planeación pastoral!

De acuerdo con esta breve historia del suroeste y las tendencias de la migración, esta concentración no ha de sorprenderse. Sin embargo, como se mencionó al inicio de este capítulo, las tendencias demográficas actuales demuestran que la población latina cada vez más se ha esparcido a lo largo de todo el país, sobre todo en los estados que no han sido tradicionalmente hispanos.

La falta de educación y de preparación profesional es un problema serio que contribuye a un alto nivel de desempleo. Sin embargo, hay algunas buenas noticias respecto al nivel educativo de los latinos en los Estados Unidos, un factor que está contribuyendo al crecimiento del nivel económico.

Si bien los latinos continúan teniendo las tasas más altas de deserción escolar, ha habido algunos avances en la escena educativa. En el transcurso de casi 20 años, la Oficina del Censo de los Estados Unidos informa en el 2016 que las tasas de graduación universitaria han pasado del 10,6 por ciento al 15,3 por ciento. La tasa para la población general del país registrada en el mismo informe es del 30,3 por ciento. Por lo tanto, si los hispanos aún se quedan atrás, se han progresado de manera demostrable. En términos de tasas de pobreza, en general, la población latina está saliendo lentamente de la pobreza; en 2015 se verificó una tasa del 21,9 por ciento, siendo la tasa general para la población de los Estados Unidos del 14,2 por ciento[40].

Edmundo Rodríguez, un jesuita mexicoamericano que fue párroco de la parroquia jesuita en uno de los barrios más pobres de San Antonio, Texas, dice lo siguiente sobre la razón por la cual tantos jóvenes hispanos abandonan la escuela:

> En general, las razones son económicas, culturales y estructurales. Económicas, porque muchas familias ni siquiera pueden costearles a sus hijos la ropa para asistir a la escuela. Culturales, porque los estudiantes hispanos están atrapados en un fuego cruzado cultural, viviendo con la cultura hispana en casa y sintiéndose presionados en la escuela y en el trabajo para asimilar y abandonar su herencia cultural. Estructurales, porque los sistemas escolares generalmente no están equipados para tratar con hispanos[41].

Las razones que da para la sobrerrepresentación de hispanos entre la población encarcelada también están vinculadas con las estructuras sociales.

> Como los negros, los hispanos constituyen un porcentaje desproporcionadamente alto de los reclusos en los estados con alta población hispana. El alto índice de deserción escolar, el desánimo y la frustración al no poder conseguir trabajo y la falta de oportunidades para los que ya han estado en la cárcel, contribuyen al aumento en la población hispana. El caso del disturbio devastador

en una cárcel en Nuevo México en 1979 muestra con qué violencia esa frustración puede estallar[42].

Dadas estas cifras, ¿cuál es la condición socioeconómica de la población latina en los Estados Unidos de América? En general, se trata de una población joven y trabajadora que todavía es mucho más pobre y menos educada que el resto de la nación. También se caracteriza por familias más numerosas, un buen número de las cuales incluyen a miembros de la familia extendida, por ejemplo, un abuelo. Otra cualidad importante es su diversidad con respecto a los varios subgrupos que se agrupan todos bajo la sombrilla de "hispanos" o "latinos", junto con la variedad en la asimilación a la cultura estadounidense que se muestra en las diferentes generaciones.

El hecho que los latinos, sobre todo los mexicanos, son generalmente más pobres y menos educados que la población en general ¿significa por lo tanto que su cultura puede ser mejor comprendida a la luz de lo que algunos han descrito como la "cultura de la pobreza" o el "modelo de la clase marginada urbana"? Esta teoría, cuyos proponentes incluyen a escritores como Oscar Lewis, Nicholas Lehmann y Lawrence Mead, básicamente sostiene que una persona pobre, como miembro de la clase marginada, o es un inadaptado social o posee un deficiente sentido moral, por ejemplo, sufre de pereza, apatía y lo demás y tiende a experimentar mucha marginación social[43]. Hasta últimamente esta noción se ha aceptado virtualmente sin ninguna oposición.

Este alto nivel de pobreza, sin embargo, no significa necesariamente que la calidad de vida de los latinos sea inevitablemente más baja. En un fascinante estudio sobre los latinos en California, dirigido por el sociólogo de medicina David E. Hayes-Bautista, el equipo de investigadores presenta pruebas de peso como para cuestionar muchos de los mitos que se han perpetuado acerca de los latinos en California. Sus conclusiones muestran que, contrario a la percepción popular y aun a anteriores estudios sociológicos,

Vivir entre dos mundos

los latinos no encuadran dentro de los "paradigmas de la clase marginada y del déficit cultural" que supuestamente caracterizan a otras poblaciones pobres en este país.

Por ejemplo, a pesar de su pobreza, los latinos tienen altos niveles de participación en la fuerza laboral. En términos de educación, se notan señales significativas de progreso si se perciben las diferencias generacionales. Los investigadores no encontraron un sentido de marginación o pérdida de identidad con respecto a la corriente dominante cultural, como algunos científicos sociales han sostenido en el pasado. Entre los rasgos más positivos que descubrieron, además de la ya mencionada alta participación en la fuerza laboral, se encuentran una formación familiar muy fuerte, buenos indicadores de salud y el uso bajo de la beneficencia pública. Los investigadores señalan el meollo de su argumento:

> Hay una aparente contradicción en esta situación: un grupo con los índices más altos de pobreza y más bajos de educación demuestra algunos de los comportamientos más marcadamente positivos con respecto a la familia, el trabajo, la salud y la comunidad. Bajo la mayoría de las suposiciones actuales sobre cómo se supone que se comportan los grupos minoritarios, éste no debería ser el caso[44].

Hay quienes cuestionan las conclusiones de Hayes-Bautista, acusándolo de ser "exagerado al acentuar lo positivo, en el proceso escondiendo los problemas familiares reales y creando una propia mitología"[45]. El jurado todavía no emite fallo sobre estas tendencias sociológicas.

Otro estudio hecho con trabajadores latinas en fábricas de ropa en El Paso, Texas, de 1992 a 1994 llegó a la misma conclusión que Hayes-Bautista y otros. La investigadora, Juanita García Fernández, describe los resultados de su estudio, cuyo propósito era examinar los asuntos de las latinas en el lugar de trabajo (pequeñas, medianas y grandes fábricas de ropa), en la comunidad, en la casa y en los asuntos personales, "para cuantificar las necesidades y el progreso que necesita la población de trabajadoras en fábricas de ropa"[46].

> La encuesta muestra que estas mujeres demuestran actitudes y comportamiento de la clase media hacia las instituciones básicas en nuestra sociedad, especialmente la familia, el trabajo y la educación. Las mujeres [demostraron]... una alta participación en el trabajo, baja dependencia de la beneficencia pública y asistencia gubernamental, fuertes indicadores de salud, conciencia de la necesidad de la educación, unidad familiar fuerte. Estas características... demuestran que los trabajadores latinos en fábricas de ropa no cumplen con el perfil esperado del modelo de la clase marginada urbana. Aunque la población en estudio sí tenía bajos niveles de educación y un alto nivel de pobreza, sería un error concluir sólo a partir de estos hechos que cumplen con el modelo de la clase marginada urbana[47].

En otro lugar, la investigadora concluye que una de las mayores razones de su pobreza es simplemente que las mujeres "trabajan en la industria de ropa que ofrece trabajos sin futuro con sueldos bajos que dan pocas posibilidades para la movilidad ocupacional y avance"[48].

Aunque el trabajo de estos investigadores está todavía en la etapa pionera, ellos sin duda representan un cuestionamiento para el modelo de la clase marginada urbana. Entonces, desde un punto de vista sociológico, ¿cuál es el factor que explica la capacidad de resistencia de los latinos en los Estados Unidos? Nuevamente, sus teólogos están comenzando a explorar un mundo inherente de significado—una espiritualidad, se podría decir—que proporciona una fuente inconfundible de fuerza. Respecto a los mexicanos, el tema de la resistencia de su espiritualidad o la relevancia de su

Vivir entre dos mundos

teología emergente se tomará de manera específica en los siguientes capítulos. Por lo pronto, una mirada a los latinos en general en relación con la Iglesia institucional nos ayuda a completar esta visión retrospectiva.

El papel de la Iglesia

Según un estudio sociológico realizado en 1985 por Roberto González y Michael LaVelle, el 83 por ciento de los católicos hispanos encuestados veían la religión como algo importante; sin embargo, el 88 por ciento no estaban activos en sus parroquias[49]. No obstante, su estudio descubrió que los hispanos tienen altos niveles de adherencia a las creencias católicas ortodoxas, y que participan en muchas prácticas de la religiosidad popular, algunas de inspiración mariana. También encontraron que al parecer un porcentaje más alto de los católicos hispanos asisten a Misa los domingos y días de precepto que lo que generalmente relata la sabiduría convencional pastoral[50]. En uno de los estudios más relevantes sobre las parroquias católicas en los Estados Unidos, Hosffman Ospino, basándose en cifras del Center for Applied Research in the Apostolate (CARA), reporta en 2014 que los latinos ya configuraban del 38 por ciento a 40 por ciento de los católicos en el país[51].

¿Hasta qué grado ha estado la Iglesia presente e involucrada activamente en el servicio de la comunidad hispana en los Estados Unidos a lo largo de las décadas? Algunos escritores sobre este tema parecen afirmar que la trayectoria de la Iglesia en la solidaridad con esta población marginada es diversa. Entre los críticos está Moisés Sandoval, el editor anteriormente mencionado de *Maryknoll Magazine*, la revista mensual del Catholic Foreign Mission Society of America, como también de su contrapartida bilingüe, la *Revista Maryknoll*. Ya hemos hecho uso amplio de su historia de la Iglesia hispana en los Estados Unidos, titulada *On the Move*[52].

En un artículo publicado anterior a este recuento, Sandoval traza la historia del campesino y de la Iglesia católica en el suroeste de los

Estados Unidos⁵³. Su conclusión global es que la Iglesia, fuera de la influyente intervención en las negociaciones de los trabajadores agrícolas a fines de 1960 y a principios de 1970, ha tomado consistentemente una posición más conservadora respecto al cambio social. Una breve historia de la Iglesia en el suroeste, a partir de la llegada de los primeros evangelizadores en el siglo XVI, revela una Iglesia con recursos demasiado pequeños para atender a su grey hispana. Inclusive tan tarde como en el siglo XIX la jerarquía consideró al hispano como el objeto de la evangelización, nunca como el sujeto.

Sandoval concluye que la Iglesia, en lugar de hacer una opción radical por los pobres hoy (acompañamiento), ha optado por ofrecer alguna ayuda de socorro (caridad) y destinar la mayoría de sus recursos a la clase media, su más grande sostén financiero. Sandoval nos recuerda la necesidad de mirar hacia la historia para un análisis social. Es verdad que la Iglesia no tenía recursos, pero parte de esa escasez fue causada por su fracaso en una inculturación más plena (como se evidencia por su clero importado a lo largo de los últimos cuatro siglos)⁵⁴. Ospino reporta más recientemente que de los párrocos en las parroquias del país que cuentan con un ministerio hispano, el 68 por ciento nacieron en los Estados Unidos. De éstos, el 10 por ciento se autoidentifican como hispanos, todavía un porcentaje relativamente bajo dado el número alto de católicos latinos⁵⁵.

Al hacer similares acusaciones de que la Iglesia ha fallado en inculturarse plenamente en la cultura de los hispanos de los Estados Unidos, Yolanda Tarango, una religiosa mexicoamericana, nos recuerda el hecho que, mientras que la Iglesia ha llegado a los "confines de la tierra" geográficamente, todavía está luchando para ser universal⁵⁶. Al trazar histórica y culturalmente el surgimiento de los mexicoamericanos en el suroeste, ella critica a la Iglesia católica americana, especialmente en Texas, por promover la "americanización" junto con la evangelización.

Vivir entre dos mundos

Ella cree que el sentimiento persistente de los mexicoamericanos para con la Iglesia oficial es que ésta es una institución "angloamericana". Esta alienación consecuentemente ha causado que la gente transfiera las prácticas religiosas al hogar. El sistema de evangelización al que la mayoría de los hispanos ha estado sujeta, por lo tanto, es un sistema circular en el cual la religión se enseña por medio de sentimientos y ejemplos. Por otro lado, el método de la Iglesia oficial es lineal e individualista. Los hispanos se consideran todavía como objetos de misión y el énfasis permanece en la asimilación.

Un nuevo éxodo

El descontento con la Iglesia ha llevado a algunos hispanos a gravitar hacia denominaciones protestantes. Entre los estudios recientes más notables respecto a estos grupos es *Latino Protestants in America: Growing and Diverse* por Mark T. Mulder, Aida I. Ramos y Gerardo Martí (Lanham, MD: Rowman & Littlefield, 2017). Una de sus observaciones más significativas es la aserción de parte de algunos investigadores que para el 2030 la mitad de todos los latinos en los Estados Unidos serán protestantes[57]. Ciertamente el protestantismo, como nota Justo González, había existido por algún tiempo en América Latina, pero el hecho es que la Iglesia católica ha perdido y sigue perdiendo a muchos de su grey. González describe algunos de los atractivos históricos del protestantismo para los hispanos estadounidenses:

> Pero no todos los hispanos protestantes de Estados Unidos entraron al país como protestantes. Muchos se convirtieron en Estados Unidos, mediante procesos parecidos a los que tuvieron lugar en América Latina. En el siglo XIX, el protestantismo parecía estar en la vanguardia del progreso, mientras que el catolicismo

romano, especialmente bajo Pío IX, pasaba por su periodo más autoritario y reaccionario. Después de la guerra mexicoamericana, la jerarquía católica romana en los territorios conquistados estaba en manos de los invasores, y generalmente a su servicio. De hecho, el primer obispo mexicoamericana no fue nombrado hasta bien entrada la segunda mitad del siglo XX. Estas circunstancias determinaron la aparición de sentimientos anticlericales, parecidos a los que aparecieron en América Latina en la época de la Independencia. Y esto a su vez le abrió la vía al protestantismo[58].

Así, durante el siglo XIX, muchos percibieron a la Iglesia católica como retrógrada y antihispana, mientras que los protestantes fueron considerados progresistas.

Hoy la tendencia a abandonar la Iglesia romana solamente ha escalado. Como dice el dicho, "la gente vota con los pies". Hay algunos que sienten que estos grupos no católicos han hecho un trabajo mejor que el de la Iglesia católica en ofrecer servicios para los hispanos y los inmigrantes en general. Allan Deck, uno de los más distinguidos expertos en este campo, enfatiza que como no hay una sola causa de este éxodo masivo, tampoco existe un solo remedio. En un artículo que apareció en 1985 él ofrece numerosas razones y sugiere varias posibles soluciones[59].

Su artículo analiza los resultados de varios encuentros que intentaron tratar la fuga de los católicos hispanos. El aspecto más sobresaliente que surgió del diálogo de los obispos en Alta y Baja California fue la necesidad de más personalismo en todo trato con las personas hispanas. La Iglesia frecuentemente ha fracasado en la inculturación, siendo a menudo demasiado territorial y dando la impresión de que carece de enfoque[60].

Por otro lado, los fundamentalistas "ofrecen a los hispanos un paquete atractivo y coherente". Doctrinas fijas, una moralidad sencilla o hasta simple, y el culto cargado de emotividad hacen que el fundamentalismo sea muy atractivo para un hispano que ha sido mayormente ignorado por su propia Iglesia original. El mayor mérito del artículo es que reta la Iglesia católica a abrirse los ojos. Los fundamentalistas están logrando incursiones entre los hispanos porque han hecho mayor esfuerzo por inculturarse en un ambiente menos cerebral.

Edmundo Rodríguez, el párroco jesuita anteriormente mencionado, que luego llegó a ser provincial de la Provincia Jesuita de Nueva Orleans, plantea la cuestión desde otra perspectiva:

> Las Iglesias protestantes y pentecostales están haciendo grandes incursiones dentro de la comunidad hispana. Se perciben como Iglesias de los pobres y para los pobres (sea esto la realidad o no); muchas de ellas acogen a gente químicamente dependiente y trastruecan sus vidas. Generalmente sus edificios son muchos más sencillos, y a menudo éstos son Iglesias "de fachada" [*storefront churches*]; son básicamente Iglesias laicas en las cuales cualquier persona dispuesta a pasar un tiempo en la capacitación puede volverse un apóstol. Hay también una percepción de que los que pertenecen a estas pequeñas Iglesias no tienen miedo de entrar a las casas de la gente y tratar los peores problemas que allí encuentren: adicciones, violencia, relaciones tensas entre los miembros de la familia. Por otro lado, se percibe que la Iglesia católica es incómoda ante la pobreza y no enfrenta los problemas reales que la gente pobre generalmente experimenta. Ésa, en mi opinión, es la razón que explica por qué las Iglesias fundamentalistas son tan atractivas para los hispanos más pobres[61].

Como se ha mostrado, el ministerio de la Iglesia hacia los hispanos se ha visto recargado de muchas dificultades. Entre las más difíciles han sido cómo hacer, en las palabras de Puebla, "una opción preferencial por los pobres" y cómo inculturar mejor el mensaje del Evangelio para contener la marea creada por el éxodo masivo actual.

Una presencia profética

Los obispos de los Estados Unidos escribieron una carta pastoral en 1983 y la siguieron con un "plan pastoral" en 1987. Aunque emitido por la jerarquía, este trabajo, el Plan Pastoral Nacional para el Ministerio Hispano, representa la culminación de tres encuentros nacionales celebrados en 1972, 1977 y 1985 para recoger el parecer y las respuestas de la Iglesia hispana de base[62]. El Tercer Encuentro, que fue celebrado en 1985, se caracterizó en particular por la consulta, el estudio y la reflexión en todos los niveles. Asistieron mil 150 delegados[63]. Como nota el Plan Pastoral, los hispanos, a pesar de su pobreza económica, tienen mucho que ofrecer a la Iglesia estadounidense:

> Este mismo pueblo, debido a su gran sentido de religión, de familia y de comunidad, es una presencia profética frente al materialismo e individualismo de la sociedad. Por el hecho de que la mayoría de los hispanos son católicos, su presencia puede ser una fuente de renovación dentro de la Iglesia católica en Norteamérica. A causa de su juventud y crecimiento, esta comunidad continuará siendo una presencia significativa en el futuro[64].

Otros escritores agregan su evaluación de la riqueza espiritual de la cultura hispana al documento de los obispos. Kenneth G. Davis, un franciscano conventual, ve la presencia de los hispanos en la Iglesia como una bendición. En ellos encuentra menos contaminación moderna y secularista. "Es precisamente porque los hispanos son católicos y no parte de nuestra sociedad dominante que

Vivir entre dos mundos

están en una posición única para ayudarnos a distinguir entre lo que es auténticamente católico en nuestra sociedad y lo que son arreos de una religión puramente civil o de la convención cultural"[65].

En tono similar, Allan Deck describe algunas de las diferencias entre los hispanos y la cultura dominante norteamericana. Su análisis da cuerpo a la esperanza de los obispos de que los hispanos son una presencia profética en la Iglesia:

> La cultura norteamericana está ensimismada en el desarrollo personal, en el individualismo, en el secularismo, mientras que la cultura hispana enfatiza los aspectos colectivos de la vida personal: la familia extendida, lo interrelacionado de las vidas espirituales y temporales de la gente. El mundo angloamericano enfatiza la independencia del individuo, mientras que el mundo de los hispanos es jerárquico y subraya la dependencia y la interdependencia del individuo en relación con la familia, la Iglesia y la comunidad. La cultura hispana, con su fuerte énfasis en los aspectos religiosos de la vida, siente una atracción clara a una perspectiva hacia la religión que está basada en la familia y en la comunidad. El hispano busca maneras más expresivas de vivir su fe[66].

Algunos teólogos han puesto una mirada seria en la espiritualidad hispana, de la cual la religiosidad popular forma una parte importante, y han empezado su sistematización. Rosa María Icaza, por ejemplo, una Hermana de la Caridad del Verbo Encarnado, describe la espiritualidad de los católicos mexicanos y mexicoamericanos. Sus observaciones probablemente son verdaderas con respecto a la espiritualidad latinoamericana en general. Ella concluye que para los hispanos "la espiritualidad está traducida en el amor de Dios que mueve, fortalece y se manifiesta en el amor al prójimo y a uno mismo"[67].

Emplea numerosos ejemplos para comprobar esa aserción. Basándose en gran parte de la espiritualidad popular, ella describe una espiritualidad de la encarnación en donde los símbolos y las relaciones son de la máxima importancia, sea entre el individuo y Dios o entre el individuo y los demás. Sin polarizar varios temas de sensibilidad como son el feminismo y el clericalismo, logra demostrar que tanto las mujeres como los sacerdotes juegan un papel importante dentro de la cultura. Concluye que una teología pastoral hispana está todavía en proceso de desarrollo[68].

Como sugiere el artículo mencionado arriba por una teóloga hispana, existe hoy una naciente teología hispana de los Estados Unidos que procura identificar y promover los valores cristianos dentro de la cultura hispana. A pesar de que, según las palabras de la carta pastoral de los obispos, "ninguna cultura europea lleva más tiempo en este país que la hispana"[69], es sólo recientemente, con la llegada de teólogos hispanos como Virgilio Elizondo, Allan Deck y María Pilar Aquino, que se están escuchando estas voces en el ámbito de la erudición teológica[70].

La Academia de Teólogos/as Católicos/as Hispanos/as de los Estados Unidos (*Academy of Catholic Hispanic Theologians of the United States*, ACHTUS) se formó en 1988 y ya está desempeñando un papel importante en el desarrollo de esta teología local naciente. Lo que es interesante notar acerca de este grupo de teólogos hispanos es el número de mujeres que son miembros. A modo de ejemplo, durante más de treinta años de su existencia, once mujeres han servido como presidentas. Un número importante es laico y el tema pastoral sigue teniendo importancia.

Este último hecho ayuda a garantizar que su reflexión provenga de la experiencia pastoral. La necesidad de inserción y de diálogo, que se reconoce en Puebla (nn. 122, 650 y 1307), se resume en la expresión "pastoral de conjunto". La carta de los obispos describe esta estrategia como "un enfoque y método de acción pastoral surgido de la reflexión compartida entre los agentes de la evangelización"[71].

Vivir entre dos mundos

Un reto abierto

Nuestra examinación de los católicos hispanos en los Estados Unidos, sobre todo los mexicanos, nos ha llevado por una breve historia que reveló una presencia tanto antigua como nueva, y por un análisis social que nos ha dibujado la imagen de una población joven, generalmente pobre y no educada, muy necesitada de la asistencia de la Iglesia, y aun así, como lo ha subrayado la reflexión teológica, un pueblo que no carece de innumerables dones sociales y religiosos. De hecho, la evidencia para desacreditar el modelo de la clase marginada urbana como se ha aplicado a los latinos en los Estados Unidos exige el desarrollo de nuevos paradigmas, que tomen en cuenta su espiritualidad o su mundo de significado en relación con lo sagrado. La religión muy probablemente puede representar un factor unificador para las comunidades latinas tremendamente diversas.

Por estas y otras razones, continuarán desempeñando un papel importante en la Iglesia estadounidense. A pesar del éxodo actual de los católicos hispanos de la Iglesia, en un futuro no muy lejano, la mayoría de los católicos en los Estados Unidos de América será de origen hispana. No es la primerea vez que la Iglesia estadounidense se constituye por una gran población inmigrante. Los grandes éxitos logrados con las olas de europeos pobres que llegaron a América en la segunda mitad del siglo XIX y a comienzos del XX no se consiguieron sin fe, creatividad y adaptación. A través de estas luchas la Iglesia maduró y creció para abarcar una gran diversidad, seguramente la más heterogénea del mundo. Escuelas parroquiales, seminarios para el clero nativo, hospitales, orfanatos y parroquias nacionales fueron aspectos gratos para inmigrantes que habían dejado todo para llegar a América y formar parte, no solamente de un nuevo país, sino de una nueva Iglesia[72].

Una vez más, la Iglesia católica en los Estados Unidos de América tiene una oportunidad de ser una Iglesia de los pobres, en esta ocasión de los pobres que ya se encuentran dentro de sus diócesis. ¿Les dará la bienvenida y los considerará como una bendición y no como un problema a resolver, o sólo como otro grupo étnico que deberá ser asimilado? La pregunta queda abierta.

Mientras que el capítulo 5 echa un vistazo más profundo a la teología emergente en torno a la práctica mexicoamericana de la fe, ahora volvemos a un bosquejo breve de la espiritualidad detrás de esa teología, una teología que toma en cuenta no solamente el sufrimiento, sino también la gracia infinita de Dios. En las palabras de Hebreos 6,7, "Porque la tierra que recibe frecuentes lluvias y produce buena vegetación para los que la cultivan participa de la bendición de Dios".

Capítulo 3

La vida es sagrada
La espiritualidad mexicana

No hay mal que por bien no venga.

Se respira mucho la palabra *espiritualidad* en el ambiente actual. Al curiosear una librería se resalta una abundancia de tomos sobre este tema. De igual manera, talleres y retiros que incluyen esta palabra en su título frecuentemente atraen grandes multitudes. La frase "Soy espiritual pero no religioso" se ha vuelto bastante común, si también un poco vacuo. Algunos escritores se preguntan si esta preocupación por la espiritualidad no puede ser una reacción a lo que ha sido un exceso de dependencia en las ciencias y el consumismo, o tal vez una reacción a lo que algunos han percibido como el esfuerzo de la religión de limitar o definir lo sagrado. Mientras que hay muchos significados que ahora se asocian con el término *espiritualidad*, el que aquí se emplea se captura con la frase "caminar en el Espíritu". Ya que se enfoca no solamente en lo que no es material, abarca todos los aspectos de la persona humana. Por eso, la frase "la vida es sagrada" resume este entendimiento integral. Entendida de esta manera la espiritualidad es la manera que optamos conscientemente por involucrarnos en o "dejarnos llevar por" lo que consideramos como lo más importante en nuestras vidas. San Pablo emplea el término por primera vez cuando habla de las "personas espirituales" en su primera carta a los Corintios (2,13.15)[1].

En el caso de los cristianos mexicanos y mexicoamericanos, como para muchos otros, la búsqueda espiritual no se hace solo. Como parte de una cultura tradicional en la cual lo sagrado y lo profano no se encuentran tan separados como en la mayoría de las culturas modernas, no se puede hablar de la cultura mexicana sin mencionar la religión o la espiritualidad. Los murales que se encuentran en los barrios de muchas ciudades grandes estadounidenses frecuentemente están llenos de símbolos religiosos como son las deidades aztecas precristianas, la Virgen de Guadalupe, Jesús, los santos y los ángeles. Estas figuras raramente aparecen aisladas; frecuentemente los murales presentan una relación con un pueblo que sigue luchando por la justicia, como en el caso de la Unión de Campesinos. Aunque la espiritualidad mexicana tiene muchos aspectos únicos, tiene algunas características en común con la espiritualidad hispana más global[2]. Esta espiritualidad refleja no solo siglos del cristianismo vivido en América latina sino también una nueva síntesis, o mestizaje, que paulatinamente se está formando en tierra estadounidense. Por ejemplo, como se mencionó arriba, es común ver la imagen de la Virgen de Guadalupe en el arte chicano contemporáneo[3]. Un joven mexicano, estudiante de posgrado, quien había estado fuera para estudiar en los Estados Unidos de América, al regresar visitó la ermita de la Virgen en la Ciudad de México. Reflexionando sobre la omnipresencia de la Virgen en esa ciudad masiva, en los barrios mexicanos en los Estados Unidos y, finalmente, en su propio corazón vulnerable, escribió:

> Ayer fuimos a visitar a la Lupita, hacía 10 años que no iba a la villa, me gustó mucho, es una iglesia para la

La vida es sagrada

gente, una enorme carpa que se extiende más allá de sus límites físicos, mucho más allá, hasta las bardas en un barrio de Chicago a los autobuses de segunda en el sur de México. Camino por la ciudad y me impacta el ver a la Lupita por todas partes, tan cercana, a todos pertenece, tan necesaria. Yo nunca he sido muy mariano o guadalupano, eso pasa cuando empiezas a comer muchos bagels, pero estoy viviendo días en los que necesito confiar mucho en Dios, y pues la Lupita sabe mucho de eso[4].

Ya que forma parte tan significativa de la psique mexicana, incluso algunos protestantes mexicanos están empezando a reflexionar acerca de lo que significa para ellos la Virgen[5]. Se hablará más de ella a continuación. Por lo pronto, miremos algunas de las características de la espiritualidad mexicana que frecuentemente se presentan en la consejería pastoral, la dirección espiritual o las celebraciones de la religiosidad popular.

LA COMPLEJIDAD

Dada la complejidad cultural que todavía existe en México, un país en donde, según las cifras gubernamentales, todavía se hablan sesenta y dos idiomas indígenas hoy en día[6], más de quinientos años después de la llegada de los españoles, la manera de un pueblo de actuar y rendir culto en alguna región, por ejemplo, los desiertos norteños, variará mucho de su manera de hacerlo en las áreas sureñas más tradicionales. Como se dijo alguna vez, "Hay muchos Méxicos"[7]. Tan solo dentro del catolicismo, a lo largo de las ciudades, pueblos y aldeas, hay devociones específicas sinnúmero a Cristo, María y los santos bajo una amplia variedad de títulos. Por ejemplo, aunque la devoción a María, Madre de Dios frecuentemente toma la forma de la Virgen de Guadalupe, también hay otras devociones populares regionales como las de la Virgen de San Juan de los Lagos o de la Virgen de Zapopan.

Esa complejidad religiosa y cultural no solo existía en las Américas antes de la llegada de los europeos, sino que también fue resultado de las diferencias que existían en España, una península que es una mezcla de siglos de las culturas ibérica, vasca, fenicia, griega, romana, visigoda, africano del norte, mora y judía. En el caso de México, este entrelazo español se mezcló con los pueblos indígenas, teniendo como resultado un nuevo mestizaje. En el caso de algunas regiones, sobre todo en la costa atlántica en donde se había traído gente africana esclavizada del otro lado del océano, surgió un nuevo grupo, los mulatos, una combinación de los africanos y los españoles. Aunque esta mezcla o mulatez no es tan común en México como en otros países latinoamericanos, sobre todo en el Caribe, todavía hay que reconocerse y celebrarse.

LA POPULARIDAD Y COMUNALIDAD

Una de las cosas que frecuentemente les dificulta a los inmigrantes de América latina cuando vienen a los Estados Unidos de América es la falta de celebración comunal de las festividades. Por ejemplo, los que están acostumbrados a descansar del trabajo durante una parte de la Semana Santa o durante toda la misma en sus países natales se sorprenden al descubrir que en los Estados Unidos de América son afortunados si pueden descansar el viernes santo. Algunos me han dicho que, en estas situaciones, cuando ya no pueden dar por sentado que la cultura que les rodea es generalmente católica, se encuentran buscando celebraciones comunales como los de los días festivos en donde pueden entrar en contacto con lo que es importante para su cultura, como son Jesús, María y los otros santos.

En parte por su surgimiento sociohistórico en un pueblo muy conocedor de la diversidad, la conquista y la resistencia, la

La vida es sagrada

espiritualidad mexicana, como la del resto de América latina, no es la de algún grupo élite. En las palabras de Allan Figueroa Deck, "[la espiritualidad hispana] no tiene sus gurús ni se mueve en círculos enrarecidos. Esta espiritualidad se encuentra enredada con la civilización católica hispana"[8]. Es difícil para las culturas modernas, las cuales dan gran importancia al individual, entender la evangelización del Nuevo Mundo, sobre todo respecto a la conversión. En las palabras de Deck, "Las culturas modernas europeas y norteamericanas tienden a concebir la conversión como la conciben los protestantes. Para muchos de nosotros, la conversión significa una decisión personal de creer y de seguir a Cristo en la iglesia. Vista de esta manera la conversión es fundamentalmente un asunto personal"[9]. Notando el contraste con la perspectiva pretridentina que utilizaron los frailes mendicantes del siglo XVI, Deck entiende esta conversión como un evento colectivo y comunal, ya que el tiempo y las circunstancias no la permitían de otra manera. En otras palabras, al tratar de enfocar sus energías no en las conversiones individuales sino en la conversión de símbolos, ritos y costumbres comunales, los misioneros buscaron ganarse los corazones de los pueblos indígenas para Cristo. La evidencia de lo que Deck llama la "conversión cultural" se encuentra hoy en la persistencia de una religiosidad popular que solamente se puede entender al explorar sus símbolos, ritos y mitos culturales. A diferencia del catolicismo americano o del protestantismo de la corriente dominante, los cuales han "optado por la ruta de la exposición cognitiva, letrada y racional de la fe", el catolicismo hispano (y por eso la espiritualidad hispana), teniendo sus raíces en el mito y el lenguaje oral, ha "optado por el corazón. Busca primero llenar el corazón y después, ojalá, la cabeza"[10].

Este énfasis en el corazón, como se articula en la comunidad, es claramente evidente en los varios movimientos exitosos que han echado raíces en las comunidades latinas, como son la Renovación Carismática, el Cursillo, el Encuentro Matrimonial y los movimientos juveniles que frecuentemente invitan a los demás a experimentar su fe cristiana de manera más vibrante por medio de una experiencia de un fin de semana intenso de escuchar los testimonios de fe o de compartir sus propias luchas por seguir a Cristo en el mundo. Frecuentemente son muy buenos para proporcionar una comunidad de apoyo después de esta experiencia apasionante. La importancia de estos movimientos es su llamado a los aspectos emotivos y comunales de la cultura, sobre todo en una situación en la cual la mayoría de los hispanos son inmigrantes recientes que frecuentemente se sienten aislados en su nuevo país. Como en el ejemplo del viernes santo, que para muchos ahora se considera un día de trabajo, es al caminar juntos en el Vía Crucis en vivo en su barrio que experimentan lo que es ser parte de un grupo más amplio que camina con Cristo y con la Santísima Madre, sobre todo en su hora más difícil[11].

Otra manifestación de este aspecto popular y comunal de la espiritualidad de los mexicanos, sobre todo los inmigrantes recientes, son las tensiones que surgen adentro de las familias y entre amigos cuando un individuo deja la Iglesia católica y se integra a otro grupo religioso, sobre todo cuando los eventos como la navidad, la Semana Santa y los días festivos de los santos no se pueden celebrar, por los menos no de la manera que la familia lo ha hecho durante siglos. De igual manera, los eventos sacramentales como son los bautizos, las primeras comuniones y las bodas, en donde se espera la participación de los familiares, también pueden volverse problemáticos, sobre todo si la familia desea incluir a estos excatólicos en las celebraciones litúrgicas. Por ejemplo, según la ley de la Iglesia, los padres han de escoger católicos buenos y practicantes como los padrinos para sus hijos. En una cultura en donde el compadrazgo lleva mucho significado y forje relaciones nuevas y frecuentemente más profundas entre las personas, puede ser problemática no poder escoger a la persona apropiada porque él o ella ha dejado la Iglesia católica. También puede ser el caso que el excatólico, ahora miembro de una confesión protestante que no practica el bautismo de niños, ya no se siente a gusto en aceptar la responsabilidad de ser padrino.

La vida es sagrada

Aunque tal vez a lo largo estas dificultades no parezcan tan problemáticas, me llama la atención algo que una vez escuché decir una joven acerca de una amiga suya, quien decidió no pedir a una amiga muy buena que fuera madrina de su hijo, porque se había ido a vivir con su novio y, por lo tanto, estaba viviendo en amasiato fuera del santo matrimonio. Su comentario, "Lo escogió a él por encima de nosotros", revela no solo su desilusión sino también su compromiso con su Iglesia y con su familia. Aquí el punto es simplemente que las sociedades más comunales frecuentemente esperan más de sus miembros, aún en lo religioso.

LA FESTIVIDAD

Uno de los estereotipos de los mexicanos es que son un pueblo festejero, amante de la diversión. Vienen a la mente imágenes de mariachis tocando la trompeta, gente bailando y grandes cantidades de comida, amigos y familiares. Mis amigos no-mexicanos que trabajan en las parroquias frecuentemente cuestionan la cantidad de dinero que se gasta en las celebraciones que se llevan a cabo acerca de los momentos importantes en la vida de las personas como son la bienvenida (el bautismo), el venir a la mesa y crecer en la fe y en la sociedad (la primera comunión y la quinceañera), el compromiso (el matrimonio, la vida religiosa y los aniversarios) e incluso la muerte (los funerales). Un canto popular mexicano, "Cielito lindo", tiene este estribillo alegre:

    Ay, ay, ay, ay, canta y no llores.
    Porque cantando se alegran, cielito lindo, los
        corazones.

Se puede imaginar que al decir "fiesta" me refiero a mucho más que una convivencia. Una fiesta patronal para un santo o un familiar, por ejemplo, no es sólo el convivio que acompaña alguna celebración específica. En el caso de una fiesta anual del día de la Virgen o de un santo, la fiesta abarca una procesión (la cual evoca no sólo la participación de todos sino también el aspecto de la peregrinación), una Misa o Eucaristía (la cual congrega a la comunidad alrededor de la mesa del Señor), y después una comida comunitaria de algún tipo que frecuentemente se acompaña con un baile. Se han caracterizado estas celebraciones comunales como "misa, mesa, musa"[12].

A pesar de una historia de sufrimiento y opresión, la espiritualidad mexicana se caracteriza por una fuerza interna dadora de vida. Como sugiere el estribillo de "Cielito lindo", la cultura demuestra una forma de ser generalmente alegre, necesaria para enfrentar las dificultades de la vida. El gran número de celebraciones familiares y comunitarias proporcionan un oasis en una vida atravesada por un sinnúmero de problemas que tan frecuentemente afectan a una población más pobre que la población en general. De la misma manera, el arte y la música desempañan un papel clave en esta afirmación de la vida. Para los antiguos aztecas, habitantes indígenas de Mesoamérica, se expresaba la verdad no en una exposición racional, sino que en "la flor y el canto". Entonces, ¿se sorprenderán saber que la flor y el canto siguen siendo símbolos poderosos utilizados en el culto hasta el día de hoy? Sin ellos, no estaría completa ninguna celebración guadalupana.

El poeta famoso mexicano Octavio Paz, galardonado del premio Nobel de la literatura, se atreve a calificar la fiesta como un exceso. "El exceso en el gastar y el desperdicio de energías afirman la opulencia de la colectividad". Paz agrega:

> Inscrita en la órbita de lo sagrado, la Fiesta es ante todo el advenimiento de lo insólito. La rigen reglas especiales, privativas, que la aíslan y hacen un día de excepción. Y con ellas se introduce una lógica, una moral, y hasta una economía que frecuentemente contradicen las de todos los días. Todo ocurre en un mundo encantado: el tiempo es *otro tiempo* (situado en un pasado

La vida es sagrada

mítico o en una actualidad pura); el espacio en que se verifica cambia de aspecto, se desliga del resto de la tierra, se engalana y convierte en un "sitio de fiesta" (en general se escogen lugares especiales o poco frecuentados); los personajes que intervienen abandonan su rango humano o social y se transforman en vivas, aunque efímeras, representaciones. Y todo pasa como si no fuera cierto, como en los sueños. Ocurra lo que ocurra, nuestras acciones poseen mayor ligereza, una gravedad distinta: asumen significaciones diversas y contraemos con ellas responsabilidades singulares. Nos aligeramos de nuestra carga de tiempo y razón[13].

Es debido a este desahogo, esta libertad, aunque sea por corto tiempo, que las fiestas dan vida. Roberto Goizueta describe la fiesta como "la vida en el subjuntivo"[14], es decir, "¿Qué tal si...?". ¿Qué tal si todos tratáramos a los demás en la vida normal, así como lo pretendemos hacer alrededor de la mesa eucarística? ¿Qué tal si realmente erradicáramos el hambre en el mundo y todos tuviéramos abundancia?

La fiesta no es lo mismo que una pachanga o un reventón. La fiesta es sagrada; celebra un evento específico, a diferencia de la pachanga. No solo conmemora una fecha importante como el caso de la navidad, el día de un santo, un cumpleaños o un aniversario, o un rito de paso, como un bautismo o matrimonio, sino que pide ciertos rituales y organización. La invitación, la preparación de la comida, los decorativos y la música son maneras de que la comunidad comparte sus riquezas. En el caso de una fiesta patronal en México, esta celebración convoca a toda la comunidad, ricos y pobres, cada uno contribuyendo de acuerdo con sus posibilidades. En el momento, por lo menos, todos son iguales. Todos pueden sentirse parte de una totalidad más amplia. Puede que más tarde haya escasez, pero en la fiesta ¡hay abundancia! Es una manera de recargar las pilas para lo que les espera adelante[15]. Por lo tanto,

¿se sorprenderán saber que muchos inmigrantes nuevos tratan de regresar a sus pueblos para estas celebraciones anuales?

El espíritu detrás de la fiesta, que abarca las virtudes como la hospitalidad, el servicio, el parentesco, la amistad y las riquezas comunales en medio de la pobreza individual, aumenta y de muchas maneras procede de los rituales sagrados y sacramentos que frecuentemente se celebran en los momentos importantes de la vida de las personas[16]. Marcado por la práctica tradicional ibérica de una fiesta compuesta de una procesión, una Misa o celebración eucarística, seguida por una comida de algún tipo, la fiesta mexicana es mucho más que un convivio o refrigerio que se lleva a cabo después de una liturgia. Es la celebración del mismo espíritu de la bondad de Dios, la naturaleza y la comunidad[17].

LA RELACIONALIDAD

Hay un canto brasileño, "Quiero tener un millón de amigos", escrito y cantado por Roberto Carlos, que se hizo bastante popular en México en su versión en español. (Acuérdese que el idioma del Brasil es portugués, no español). Esta popularidad habla de la importancia que los mexicanos dan a tener amigos y a la relacionalidad. A diferencia de la cultura dominante de los Estados Unidos, los mexicanos generalmente valoran el sentido de pertenecer en un plano más alto que el logro personal. Más en el estilo de las sociedades tradicionales en donde el individuo debe su importancia al grupo más que a los logros individuales, las relaciones toman una calidad singular. Se han de consultar a los familiares y amigos cuando se toman decisiones importantes, ya que su bienestar debe de tener prioridad en la vida de uno. Por ejemplo, es mucho menos probable que los mexicanos coloquen a sus mayores en los asilos de ancianos o que ofrezcan a sus hijos para la adopción. Sean mayores o pequeños, estas personas son la responsabilidad de la comunidad. Es bastante común ver a los inmigrantes luchando

La vida es sagrada

por mantener a sus familias en su lugar de origen, y por traer a sus familiares y cuidarlos hasta que puedan valer por sí mismos. De la misma manera, la hospitalidad y atención a los suyos durante tiempos de enfermedad o encarcelamiento revelan los valores del Evangelio.

Gahisi Sowande, un hombre afroamericano quien había estado encarcelado durante casi veinte años, dijo lo siguiente respecto a la lealtad de los familiares: "Lo que me llama la atención de los reos mexicanos es que no importa si están encarcelados un año o 20 años, la unidad de la familia los envolverá y los visitará pase lo que pase"[18]. Este amor y apoyo no se ve como algo que termina con la muerte, sino que continúa mucho después, como atestigua la importancia que se da a los funerales y las Misas memoriales anuales. De manera parecida, las celebraciones del Día de los Muertos demuestran un sentido profundo de la "comunión de los santos", es decir, una conexión fuerte con todos los que se nos han adelantado[19].

Las mujeres, sobre todo en el papel relacional de madre y abuela, frecuentemente son las que sirven como reconciliadoras, líderes de oración doméstica, cuentacuentos, líderes de la comunidad, y proveedores de atención. Frecuente encabezan muchos rituales de la religiosidad popular como son el Rosario, las costumbres de temporada como la tradición durante el Adviento de la posada (una novena que representa la búsqueda de hospedaje de María y José) y la bendición de sus hijos, sobre todo los que van a salir de viaje. El científico social Dean R. Hoge y su equipo de investigación concluyó que "los católicos latinos, y sobre todo los católicos latinos jóvenes, se involucran menos en la vida parroquial que los otros católicos, mientras que a la vez practican más devocionales personales y familiares que los otros"[20].

En la espiritualidad católica mexicana, frecuentemente se encuentra a Dios por medio de la Virgen de Guadalupe y otras devociones marianas. A continuación, se hablará más de la devoción guadalupana, pero por lo pronto basta decir que a partir del siglo XVII ha sido un símbolo poderoso de un Dios compasivo quien está cerca de la gente, sobre todo cuando están sufriendo. En un tiempo cuando se les decía a los pueblos indígenas de Mesoamérica que su cultura, además de sus dioses, fueron demoniacos y algo del pasado, ella aparece en símbolos de compasión, reverencia y pertenencia que hablan tanto al conquistado como al conquistador. De esta manera ella es la "Madre de la nueva creación"[21]. Un fenómeno parecido sucede con los santos, quienes son vistos como amigos e intercesores poderosos. Nuevamente, al igual que en otras sociedades tradicionales que emplean los intermediarios, los católicos hispanos frecuentemente honran a María y los santos porque están relacionados con Cristo. Si tú me importas, también me importan tu madre y tus amigos y tus familiares. O, por lo menos, ¡así es la teoría!

Así como en cualquier relación honesta, las personas tienen la confianza de pedir favores. Así como uno no se dudaría de pedirle un favor a su madre o a sus parientes, es común la oración de intercesión a María y a los santos por los seres queridos, sobre todo si los seres queridos están necesitados de la sanación física o espiritual. La sanación milagrosa se ve como algo posible si es la voluntad de Dios. Como dice el dicho, "Cuando Dios no quiere, ni los santos pueden".

Dada la importancia de la relacionalidad a la espiritualidad mexicana, lo que sigue lógicamente es que las personas son más importantes que las leyes[22]. "El sábado ha sido instituido para [los seres humanos] y no el [los seres humanos] para el sábado" (Marcos 2,27). Así como enfatiza el entendimiento bíblico de la justicia, la justicia tiene que ver con el cumplimiento de las obligaciones en una relación de alianza. Esta característica relacional de la espiritualidad mexicana puede manifestarse en el área de la justicia social. Se ve claramente la conexión entre la justicia social y la espiritualidad, por ejemplo, en la incorporación de parte de César Chávez de las prácticas populares de la fe como la peregrinación, el ayuno, la oración y la devoción a la Virgen de Guadalupe en la lucha por organizar a los campesinos[23]. Como en el caso

La vida es sagrada

de las líderes mujeres de base que se mencionaron arriba, la lucha por la justicia no se puede separar de la espiritualidad. Así como comenta María Pilar Aquino, muchas latinas viven su espiritualidad al asumir la causa de los pobres e indefensos:

> Para las mujeres latinas, la fe cristiana no es un aspecto fragmentario de su vida o de su propia identidad cultural. La lucha de estas mujeres por una tierra nueva y por nuevas maneras de ser y de vivir en la iglesia, en donde pueden participar como miembros con su propio derecho, se inspira en su convicción de fe y afecta toda su vida. Para mencionar apenas unas cuantas de sus actividades, muchas mujeres latinas están comprometidas con los grupos de derechos humanos; con la defensa de los indocumentados; con los movimientos de la solidaridad; con la paz; con los movimientos ecológicos, artísticos y culturales; con los grupos de evangelización liberadora; con la afirmación de las comunidades indígenas; con la defensa de los derechos civiles; con la afirmación de las mujeres, los jóvenes, los niños y los ancianos; y más. Por consecuencia, la reflexión teológica debe de tomar en cuenta sus múltiples intereses como creyentes, como pobres y como mujeres, junto con sus valores culturales y religiosos[24].

Esta preocupación por la justicia es solamente una expresión más de lo sagrado de la vida humana, más evidencia que la vida es sagrada.

LA TRASCENDENCIA

Aunque se da gran importancia a lo humano en la espiritualidad mexicana, característica cuyo origen se puede trazar en parte a la influencia temprana de los franciscanos, agustinos, dominicos y jesuitas que evangelizaron gran parte del país y cuya espiritualidad está bastante conectada con la persona de Jesús; sin embargo, afirma un Dios trascendente. Las frases como "si Dios es servido", "nombre sea de Dios", "primeramente Dios" o "Dios mediante" hablan de una dependencia radical de un Dios quien está tanto cerca como lejos. Este Dios, quien es todopoderoso o muy grande, se encarnó y se hizo uno de nosotros.

Las devociones acerca del Jesús humano frecuentemente llaman la atención de los de fuera, por ejemplo, las devociones que rodean al Niño Dios. La realidad humana de la encarnación cobra vida con un villancico común que habla de la Virgen lavando pañales en el río. De manera parecida, hay devociones al Cristo moribundo o muerto, el Nazareno, al Divino Preso y al Santo Entierro. Los mexicanos pueden relacionarse con este Jesús quien fue vulnerable como un niño pequeño y quien aguantó mucho sufrimiento en su vida.

Sin embargo, estas imágenes son solamente una parte de la historia. Las imágenes del Sagrado Corazón de Jesús, el símbolo del amor y misericordia del Cristo resucitado, abundan en las casas mexicanas. Para los mexicanos y otros latinoamericanos, por lo tanto, la humanidad y la trascendencia de Cristo siguen siendo esenciales a su devoción. Referente al Cristo que sufre, comenta Orlando Espín, un teólogo cubanoamericano, "Este Jesús moribundo, sin embargo, es tan especial porque no es solamente otro humano que sufre a las manos de humanos malvados. Es el Cristo divino, lo cual hace tanto más dramático su sufrimiento inocente… Su pasión y muerte expresan su solidaridad con todos los hombres y las mujeres a lo largo de la historia quienes también han sufrido inocentemente a las manos de malhechores"[25].

Ya que hemos descrito cinco aspectos de la espiritualidad mexicana, y por eso de los mexicanoamericanos (su complejidad, su popularidad y comunalidad, su festividad, su relacionalidad y su trascendencia), el siguiente capítulo da más ejemplos de cómo esta

La vida es sagrada

espiritualidad se incorpora en la vida diaria de estas comunidades diversas, sobre todo respecto a sus devociones y sus celebraciones. Es importante tener en mente que esta espiritualidad es una que se trasmite por las generaciones, no de una manera cerebral, sino en la pedagogía tradicional de la religiosidad popular[26].

Capítulo 4

"¡Viva la Virgen!"
Las fiestas y costumbres mexicanas

Cuando Dios amanece, para todos aparece.

Mucho antes de que los educadores encomiaran la importancia del aprendizaje participativo, las comunidades tradicionales entendían que las creencias y los valores se enseñan mejor por medio del ritual, el cuento y las obras de misericordia corporales. Una religiosa mexicoamericana describe el ambiente en el cual ella, una de siete hijos, escuchaba los relatos de sus padres acerca de la superación de la adversidad:

> Mamá y Papá en la mesa de la cocina contándonos de los tiempos difíciles que tenían en México – mi papá aprieta un cinturón imaginario al último agujero, pero se ríen mientras relatan los tiempos de escasez. Esta historia se está contando en la cocina mientras que Mamá voltea la tortilla de harina que está inflándose en el comal, los frijoles burbujean al ser machucados en el sartén negro de hierro, y la carne chisporrotea con

"¡Viva la Virgen!"

una porción generosa de cebolla en otro sartén. Todos estamos sentados alrededor de la mesa turnándonos en espera de la caída de la siguiente tortilla sobre la servilleta limpia. Sentirá el cuchillazo rápido, el escape de su vapor acumulado y la mantequilla derretida empapándola por dentro mientras que la doblamos o la enrollamos hacia nuestras manos y bocas. Mis papás están divorciados, y aún así estos recuerdos comunes los tienen riéndose de corazón como mejores amigos. Me extraña: ¿Cómo podrían reírse del hambre?[1]

No se puede dejar de notar la importancia de la comida en estos eventos de compartir el corazón. Jesús, al darnos la Eucaristía, entendió muy bien este contexto vivificador.

Esta misma sabiduría de transmitir las creencias y los valores de la Iglesia por medio del ritual, el cuento y las obras de caridad ahora forma parte de todo buen programa parroquial de preparación para la confirmación. Lo que sigue es una descripción de las practicas sacramentales y tradicionales en la comunidad mexicana y alguna mención de su significado. No sea que el lector suponga una uniformidad regional, cabe enfatizar el hecho subyacente de la gran variación en las practicas. Esta variedad se manifiesta sobre todo cuando se toma en cuenta la región de México o de los Estados Unidos de América en donde las personas tienen sus orígenes, tomado junto con el grado al cual se han asimilado a la corriente dominante cultural de los Estados Unidos y el grado al cual participan en esta cultura de la corriente dominante. Aquí de relevancia especial es la distancia geográfica que existe entre la región en donde actualmente viven y la frontera mexicana. A diferencia de las migraciones europeas al final del siglo XIX, muchos inmigrantes mexicanos viven más cerca físicamente a su patria, un hecho que les permite mayor movilidad física y conectividad sicológica que los inmigrantes europeos poseían. Mientras que la mayoría de los inmigrantes europeos tenían claro que estaban aquí para quedarse, puede que no sea el caso para el inmigrante mexicano.

Algunos escritores esbozan tres áreas por medio de las cuales lo sagrado se manifiesta en las vidas de los hispanos: (1) la constelación sacramental de prácticas (la cual corresponde a la doctrina oficial de la Iglesia y sirve para que los ritos sean "vistos y sentidos"), (2) la constelación devocional (la cual corresponde a las tradiciones de la Iglesia relacionadas con los santos) y (3) la constelación de la protección (la cual corresponde a la creencia de la Iglesia en los milagros)[2]. Estas tres constelaciones, aplicadas a los mexicanos y mexicoamericanos, proporcionan un marco para explicar en más detalle la espiritualidad que arriba se describe. Estas constelaciones suceden dentro del año litúrgico de la Iglesia, durante el cual los mexicanos participan de maneras únicas. Aunque estas categorías naturalmente tienen elementos en común, por eso demostrando sus relaciones, cada una hace resaltar una conexión específica con la Iglesia más grande. Por ahora, cabe presentar un bosquejo del año litúrgico y las fiestas de la piedad popular mexicana.

EL CALENDARIO LITÚRGICO Y LAS FIESTAS DE PIEDAD POPULAR

El invierno: el ciclo de Adviento y Navidad

En el espíritu del año nuevo litúrgico de la Iglesia, los mexicanos empiezan esta temporada sagrada con el Adviento, un tiempo de preparación para la venida del Señor en la Navidad. Los descendientes de las culturas indígena e ibérica, ambas con un lugar especial para el papel de la maternidad, enfocan su atención en la Santísima Madre como la figura central en la esperanza de la Navidad. Bajo el título de la Virgen de Guadalupe, cuya fiesta se celebra el 12 de diciembre, refleja la cara compasiva de Dios.

"¡Viva la Virgen!"

En el momento de su aparición en 1531, los pueblos indígenas de Mesoamérica se encontraban aplastados por la conquista española, la cual había traído tanto la cruz como la espada a México. La guerra, la hambruna y las enfermedades estaban devastando la población indígena. Se habían aplastado violentamente sus tradiciones, costumbres, danzas y templos. Durante esta época triste de la historia de las Américas un poeta anónimo azteca escribió, "Estamos pisoteados; estamos en ruinas. No hay más que duelo y sufrimiento en México y Tlatelolco, donde veíamos belleza y valor"[3]. La imagen que la Madre tierna le dio a Juan Diego, un converso indígena a la cristiandad, estaba llena de simbolismo intrincado. La mujer aparecía en frente del sol y arriba de la luna, objetos celestiales a los cuales rendían culto los aztecas antiguos, habitantes tempranos del valle mesoamericano. De esta manera, se representaba como mayor que ambos. El color de su manto, junto con sus estrellas luminosas y el ángel que la llevaba, la marcaba como un ser celestial de mucha importancia. Su cara y sus manos eran morenas, como el pueblo que ella había venido a abrazar. La faja negra alrededor de su cintura revelaba que estaba encinta. Por lo tanto, los pueblos indígenas sabían que alguien todavía estaba por venir[4]. ¿Era diosa? ¡Claro que no! A diferencia de otras diosas y dioses aztecas, su mirada se dirigía hacia abajo, revelando su humildad. Sus manos juntadas reverentemente en la oración la marcaban como una criatura alabando a su Dios, un Dios que estaba anunciando que algo nuevo y maravilloso estaba por suceder. Ella vino, por lo tanto, como evangelizadora, una que proclamaba la Buena Nueva de Cristo en lenguaje tanto oral como visual que las poblaciones nativas podían entender.

En medio de este gran dolor y sufrimiento, la cara de la mujer mostraba gran compasión. Sus palabras, pronunciadas en náhuatl, el idioma azteca, demostraron que había venido para revelar la presencia amorosa y consoladora de un Dios a quien se había representado solamente como poderoso: "Es nada lo que te asusta y aflige, no se turbe tu corazón… ¿No estoy yo aquí que soy tu madre?"[5]. De esta manera consoló a Juan Diego, el converso sencillo indígena a quien apareció.

Pero sus palabras no se destinaron a él solamente, como es cierto de la gracia de Dios cuando se manifiesta a un individuo. Juan Diego fue enviado en una misión difícil al arzobispo para conseguir que éste construyera un lugar en donde otros podrían venir y ser consolados en sus sufrimientos y animados en sus luchas. Después de una señal milagrosa que consistía en la imagen misma y unas rosas de castilla, el arzobispo cumplió. Hoy en día, casi 500 años después, ese lugar, el santuario al cual los cansados y desanimados pueden venir para renovarse, sigue siendo una realidad. Pero la realidad es mucho más grande que un lugar. Tiene que ver con una persona que refleja la presencia amorosa, consoladora y maternal de un Dios que siempre nos otorga más de lo que podemos pedir o imaginar. Durante este período del año, algunas personas hacen el sacrificio de ir en peregrinación a esta ermita famosa en la Ciudad de México. Las parroquias locales a lo largo de México y los Estados Unidos de América, deseosas de llevarle serenata a su Madre en su día especial, le llevan ramos de rosas y cantan las mañanitas en la madrugada, antes del amanecer. Sigue la tradición de "la flor y el canto". Así como dijo una mujer a su párroco que no podía entender por qué fue necesario gastar tanto para una banda de mariachis en vivo y levantarse tan temprano: "¡Sólo piense, Padre, qué contenta estará nuestra Virgencita cuando la despertamos con nuestra serenata especial de mañana!".

Otra costumbre popular es dramatizar la historia de las apariciones[6]. En algunos lugares también se lleva a cabo una procesión e incluso una fiesta con bailes folclóricos. Para muchos que han sentido alienados de su tierra y su cultura, por cualquier motivo, esta celebración alegre es un verdadero regreso a casa. Durante la temporada sagrada del Adviento, es la Virgencita, la embarazada, quien nos ayuda a prepararnos para la venida del Salvador. Así como Juan el Bautista, es la personificación del Adviento porque prepara el camino del Señor. En la tradición de los profetas, nos recuerda que

"¡Viva la Virgen!"

los Juan Diegos del mundo—los pobres, los insignificantes, los desamparados y los inmigrantes—son todos Jesús esperando nacer.

Aparte de las celebraciones acerca de la Virgen de Guadalupe, otras prácticas mexicanas acerca de Adviento y Navidad incluyen las posadas, una novena que normalmente se lleva a cabo en los barrios y representa la búsqueda de hospedaje de parte de José y María en Belén; la pastorela, un misterio de origen español, lleno de ángeles y diablos, que se enfoca en la búsqueda de los pastores para el niño Jesús; la Misa de gallo; la acostada del Niño, o la práctica familiar de entronar una imagen del Niño Jesús en el nacimiento de la casa; el Día de los Reyes Magos, la llegada de los magos el 6 de enero, el cual tradicionalmente fue el día de dar regalos; y finalmente, el 2 de febrero, la Candelaria, la fiesta de la purificación de María y de la presentación del Niño Jesús en el templo. En este día, se bendicen las velas, las cuales se prenden para la protección en ciertas ocasiones especiales y bajo ciertas circunstancias como son las tormentas o una enfermedad seria en la familia. Con la excepción de la Misa de gallo, la mayoría de las celebraciones se llevan a cabo en la casa o en el barrio. Por lo tanto, muchas parroquias en los Estados Unidos han descubierto que ayudar a realizar las mismas es una excelente manera de invitar a la gente de los barrios a participar de manera más plena en la vida de la parroquia. También hay recordatorios poderosos que la espiritualidad es algo que se practica a lo largo de nuestra vida diaria y no solamente cuando estamos en la iglesia[7].

Los recuerdos físicos tales como los decorativos que se lucen durante esta temporada sagrada, sean las luminarias (pequeñas bolsas de papel llenas de arena y velas encendidas, que se lucen prominentemente alrededor de los edificios y banquetas en la Nochebuena, sobre todo en Nuevo México) o el nacimiento, ayudan a comunicar que el Verbo se hizo carne, entrando en nuestro tiempo y nuestra realidad para expulsar la oscuridad del pecado y señalarnos el camino hacia la vida, una vida vivida en abundancia. Los alimentos especiales, como los buñuelos, tamales o empanaditas contribuyen a las festividades.

Cuando un niño recibe un dulce después de darle un beso al Niño Jesús, una práctica que vi una vez en una iglesia en San Antonio, Texas, se nos recuerda que "Dios está en todo", y, por lo tanto, aún a pesar de las dificultades, abundan la gracia y la dulzura.

La primavera: el tiempo de Cuaresma y Pascua

Al juzgar por el número de mexicanos y mexicoamericanos que vienen a recibir la ceniza el Miércoles de Ceniza, se podría concluir que éste es el día más importante del año para la Iglesia. Dado el hecho que el Domingo de Ramos también atrae grandes multitudes, tanto que una parroquia en Oakland, California, tiene que poner en su calendario el número doble de Misas para ese domingo, el decir gracioso que "a la gente les gusta venir a la iglesia en esos días porque es cuando realmente se les da algo gratis" ¡suena verdadero! Como observa *Faith Expressions*, "[El Miércoles de Ceniza] es más importante al pueblo mestizo que intuitivamente y simbólicamente reconoce y afirma su relación cercana con la tierra y la conciencia de su propio pecado y limitaciones"[8]. Aparte del llamado de la Iglesia a la oración, la penitencia y la limosna, los mexicanos "viven la temporada" por medio de varias prácticas que, así como las que rodean la Navidad, frecuentemente suponen el drama, como es el vía crucis[9], y comidas especiales, como son los camarones, nopalitos y capirotada. Como agrega *Faith Expressions*, "*kipper* y *Kapporet* son dos palabras raíces hebreas que se asocian con la fiesta judía de la expiación, Yom Kipur"[10].

Muchas parroquias latinas ofrecen misiones, o una serie de pláticas cuaresmales dirigidas a una renovación espiritual. Estas sesiones frecuentemente se destinan a grupos específicos como los niños, los jóvenes o las parejas casadas, o a veces a los hombres y a las mujeres por separados. Esta temporada sagrada culmina con la Semana Santa. En el vía crucis y algunas otras devociones de esa semana, el Nazareno, el Jesús sufriente, y la Dolorosa figuran prominentemente. En algunos lugares, por ejemplo, se lleva a cabo

"*¡Viva la Virgen!*"

un acto en la tarde del viernes santo conocido como "el pésame de la Virgen", en el cual la comunidad le da el pésame a la Madre Dolorosa. Otra práctica popular de ese día es "el sermón de las siete palabras", reflexiones frecuentemente largas basadas en las palabras de Jesús en la cruz, las cuales frecuentemente se intercalan con himnos y oraciones. "El servicio del santo entierro" es un tipo de procesión fúnebre solemne con una imagen del Cristo muerto[11].

El día siguiente a veces se llama el sábado de gloria, porque en los tiempos antes de que la vigilia pascual se fijara otra vez en la noche del sábado, se celebraba en la mañana. Al cantar la gloria en la Misa, se quitaban los velos que cubrían el altar principal y las imágenes durante la Semana Santa y se repicaban triunfantemente las campanas. Era común tener baile esa noche para celebrar el final de la Cuaresma y la llegada de la Pascua. Otra costumbre asociada con este tiempo de gozo es el encuentro, la reunión de madrugada entre el Señor resucitado y su madre, el cual se simboliza cuando las dos imágenes de Jesús y María, cada una viniendo de un camino diferente, se encuentran afuera de la iglesia y se llevan en procesión para empezar la liturgia llena de gozo. En general, hoy en día se celebra la vigilia pascual según la liturgia oficial, con su simbolismo vibrante de agua, flores, luz, fuego y la proclamación de parte de la asamblea que ha amanecido una nueva era. Probablemente un hecho nuevo es la presencia de mexicoamericanos adultos quienes se bautizarán o se confirmarán, dado que es cada vez más común, sobre todo entre personas más asimiladas, postergar el bautismo. Muchas familias todavía observan la costumbre de tener picnics el Domingo de la Resurrección.

El resto de la primavera se ocupa, en algunas comunidades, con el ofrecimiento de flores a María en mayo de parte de las niñas pequeñas, y con la celebración de la primera comunión el Día de las Madres. En México, siempre se celebra el Día de las Madres el 10 de mayo. Es común empezar la serenata a las madres en sus casas después de medianoche. Es interesante notar que el Día del Padre, aunque sí se celebra, no exige la misma atención.

Verano y otoño: las fiestas de los santos

Una parte de la relacionalidad en la espiritualidad mexicana que se mencionó en el capítulo previo, aparte de un vínculo especial con la Santísima Madre debido a su posición en relación con Jesús, incluye el parentesco con los santos. Como una mujer viejita comentó cuando sacaron las imágenes de la nave principal de su iglesia antigua de misión y las colocaron en una capilla lateral: "¡Pobre de Jesús, ha de sentirse tan sólo sin sus amigos!". Se miran a los santos como amigos poderosos, abogados y modelos. De acuerdo con la tradición católica, prácticamente cada profesión y papel en la vida tiene su santo patrón. Por ejemplo, San Isidro es el patrón de los granjeros. En una comunidad de granjeros, su fiesta será importante. Sin embargo, ¿qué sucede a esa comunidad cuando se vuelve más industrial? De cierta manera, ese cambio es lo que está pasando a lo largo de los Estados Unidos de América, ya que la mayoría de los latinos/as ya no viven en áreas rurales, sino que en las ciudades.

Aun así, por lo menos entre los mexicanos católicos, los santos, sean canonizados o no, siguen jugando un papel importante. Entre los más populares son San Martín de Porres (1579–1639), un hermano dominico sencillo quien vivió una vida de servicio a los pobres en Lima, Perú, en la época colonial[12]; San Antonio de Padua (1195–1231), un fraile franciscano y doctor de la Iglesia también conocido por su amor a los pobres; Santa Ana, según la tradición la madre de María; y Santa Mónica (323–87), patrona de las madres ya que nunca dejó de creer que su hijo, quien llegó a ser San Agustín (354–430), se convertiría algún día. Así como en otras partes del mundo, también son muy queridos el apóstol San Judas Tadeo (siglo I), el patrón de las causas difíciles, y San José, el padre adoptivo de Jesús en la tierra y patrón de los padres.

Los santos como San Martín de Porres y Santa Rosa de Lima (1586–1617), la primera santa canonizada en el nuevo mundo y proveniente de ello, quienes frecuentemente aparecen en el arte religioso

"¡Viva la Virgen!"

latinoamericano, son muy simbólicos porque nacieron y vivieron en las Américas, así como es Santa Elizabeth Ann Seton (1774–1821) en los Estados Unidos de América. De cierta manera, estos santos avanzan el sentido de que nosotros, también, somos santos, porque estas personas han vivido entre nosotros y podemos imitar lo que ellos hicieron, sobre todo respecto a la atención a los pobres. Frecuentemente se ve colgado en los pequeños negocios una imagen de San Martín Caballero, un soldado romano pagano del siglo IV quien se hizo monje cristiano y obispo. Usualmente se representa compartiendo su manto con un mendigo anciano pobre. Según la leyenda, la noche que lo hizo, tuvo un sueño en el cual vio a Cristo usando el manto. Por lo tanto, lo que había hecho para el mendigo, hizo para el mismo Señor. Su imagen sirve como recordatorio para tratar a los pobres con dignidad, así como lo hizo San Martín.

Entre los nuevos inmigrantes, sobre todo entre personas indocumentadas que están tratando de entrar a los Estados Unidos de América ilegalmente para mantener a sus familias, dos figuras del siglo XX están aumentando de popularidad. Uno fue canonizado oficialmente por el papa Juan Pablo II en el año 2000: San Toribio Romo, un sacerdote que murió fusilado por los soldados en Jalisco, México durante la Cristiada de los 1920[13]; y uno es simplemente honrado por el pueblo: Juan Soldado, enterrado en un cementerio en Tijuana. Según la creencia popular, Juan Castillo (Soldado) fue un soldado sencillo a quien se le acusaba falsamente de violar y matar a una señorita. Fue justiciado en seguida. Según el reporte de un periodista,

> Durante todo el día, los peregrinos visitan su tumba, la cual se ha convertido en un tipo de altar en su honor... Los garabatos revelan numerosos eventos milagrosos en las vidas de las personas pobres: el dinero para una operación, un empleo, ayuda para sacar al esposo de la cárcel o para conseguir que un hijo deje de tomar. Cuando se les concede la petición, los fieles regresan

agradecidos para ofrecer flores o colocar una vela o una placa conmemorativa proclamando el favor[14].

Por lo tanto, los santos no sólo sirven como modelos sino también como intercesores. Si Dios desea un milagro, los fieles están convencidos que se concederá. Pero si no, como dice el dicho, "Cuando Dios no quiere, santo no puede".

La celebración mexicana del Día de los Muertos el 2 de noviembre (también conocido como el día de la conmemoración de todos los fieles difuntos) se está volviendo cada vez más conocida a lo largo de las diferentes regiones de los Estados Unidos de América conforme los mexicanos traen esta costumbre de su patria. En el Día de los Muertos recuerdan y conmemoran a los familiares y amigos difuntos. A pesar de la sobriedad de la muerte, el espíritu del día es frecuentemente jovial, puntuada por dulces y panes especiales, algunos en forma de calavera[15]. Ese día es común ver a las familias en el panteón, limpiando y decorando las tumbas de sus seres queridos, pasando tiempo en oración y, a veces, compartiendo una comida en la tumba. Los altares caseros, coronados con fotos de los difuntos rodeados por flores, velas y recuerdos de las personas, incluyendo, a veces, su comida o bebida favorita, a veces se construyen en la casa. Alejandro García-Rivera entiende esta celebración como una fiesta familiar[16].

Un fenómeno emergente es la celebración del Día de los Muertos por medio de exhibiciones en los museos y las escuelas, asó como desfiles y otros eventos y fiestas sociales. Puede o no haber colaboración con una iglesia específica. Reportando acerca de cómo se celebró en una comunidad específica en Los Ángeles, Lara Medina y Gilbert R. Cadena demuestran cómo las festividades congregaron a una multitud diversa:

> Aunque había poca interacción entre la gente "de iglesia" y "fuera de la iglesia" el día de las celebraciones comunales rituales, el proyecto colaborativo entre una

"¡Viva la Virgen!"

comunidad parroquial y las instituciones culturales seculares resultaba de beneficio de varias maneras. Los agentes religiosos y culturales trabajaron juntos al dedicar su tiempo a sacar la sabiduría y habilidades artísticas de una comunidad desventajada. Los adultos y los jóvenes participaron en la formación del ritual, actividades que fortalecen la autodeterminación y la solidaridad comunitaria. En este contexto, el conocimiento cultural se vuelve conocimiento sagrado conforme la gente participa en el proceso de identificar lo que para ellos tiene el valor máximo. Para los chicanos/as distanciados del catolicismo, la colaboración con los representantes de la iglesia proporcionó un sentido de alivio, que finalmente se les estaban respetando sus tradiciones. Dijo un participante, "recuerdo que me regañaban por asistir a misa con una playera que tenía una calavera. El sacerdote me dijo que era una tradición demoniaca... tal vez finalmente nos están escuchando"[17].

Ciertamente, el escuchar y discernir respetuosamente la presencia de Dios en los fieles es una habilidad pastoral monumental pero sumamente necesaria[18].

La fiesta de Cristo Rey, que se celebra al final del año litúrgico, toma importancia especial para muchos mexicanos. Como se mencionó en el capítulo 1, la Cristiada, una manifestación de la rivalidad intensa entre la Iglesia y el estado en los 1920 y 1930, fue un tiempo muy difícil para la Iglesia en México. Muchos mártires, tanto laicos como religiosos, como el sacerdote jesuita Miguel Pro[19], enfrentaban con confianza el fusilamiento y dieron el grito famoso, "¡Viva Cristo Rey!". En un tiempo cuando muchos campesinos se sintieron traicionados por los líderes revolucionarios y la clase profesional católica, el único que no les había abandonado fue Cristo Rey.

Un breve bosquejo del año litúrgico con atención especial a las costumbres y fiestas mexicanas revela que, sorprendentemente, muchas de las tradiciones de México han perdurado. Parte de la razón de esta continuidad son las migraciones continuas en conjunto con la proximidad relativa del país[20]. Sin embargo, como revela la exploración de Medina y Cadena del Día de los Muertos, estas tradiciones constantemente están evolucionando y, por lo tanto, tomando formas nuevas[21]. Como un resumen de las celebraciones y costumbres que se han presentado hasta la fecha, así como una conclusión a este capítulo, lo siguiente es una descripción breve de lo que algunos describen como las tres constelaciones de la piedad popular.

LAS TRES CONSTELACIONES DE LA PIEDAD POPULAR

La constelación sacramental de las prácticas

Los autores de *Faith Expressions of Hispanics in the Southwest* describen que esta categoría consiste en "aquellos sacramentos y ritos casi-sacramentales o relacionados que están cerca del corazón de los hispanos. Hay tres sacramentos que gozan de gran popularidad entre los pueblos de habla hispana y que, de cierta manera, movilizan a la familia. Son el bautismo, la primera comunión y el matrimonio"[22]. Desde la publicación del folleto en 1977, otros agentes de pastoral han escrito muchos artículos y un libro acerca de estos ritos[23], especialmente por medio de los esfuerzos del Instituto de Liturgia Hispana, fundado en 1979[24]. Aunque no es posible aquí una exploración extensa, cabe mencionar los elementos únicos de cada uno de estos tres sacramentos, como se detallan en *Faith Expressions*, para convencerle al lector de su relevancia. *Primero Dios* proporciona una explicación a fondo de cada uno de estos términos y cómo funcionan en la pastoral[25].

"¡Viva la Virgen!"

a. *El bautismo* es un tiempo cuando los lazos espirituales y familiares se forjan y se refuerzan alrededor de la celebración de un nacimiento nuevo. Por ejemplo, hay un lazo especial conocido como compadrazgo entre los padres del niño y los padrinos. Usualmente hay una fiesta que sigue la ceremonia, frecuentemente avivada con la costumbre del bolo, la práctica de aventar monedas al aire para que las levanten los niños emocionados (un recuerdo de la gracia y abundancia de las aguas bautismales) y/o la de la piñata.

b. *La primera comunión* celebra cuando se le invita al niño a la mesa eucarística por primera vez y marca otro rito de paso. En algunos lugares existe la costumbre de tener presente también a padrinos; estos pueden ser los mismos del bautismo o pueden ser diferentes. En algunas parroquias los niños llevan velas y renuevan sus votos bautismales. De igual manera, normalmente se sigue una fiesta en la casa, acompañada por fotos más formales más tarde en el día.

c. *El matrimonio*, celebrado como un sacramento dentro de la Iglesia, frecuentemente se posterga hasta que la familia tenga los recursos financieros suficientes. Usualmente implica más participación familiar que lo que es frecuentemente el caso en otras culturas dentro de los Estados Unidos de América. Por ejemplo, aunque últimamente la pareja decide casarse, muchas personas todavía siguen la costumbre de que los padres del novio les piden la mano de la novia a sus papás. El mismo rito de matrimonio incorpora las arras, las cuales simbolizan el deseo de proveer de parte del novio y la disponibilidad de un buen manejo de los recursos de parte de la novia. Dado que actualmente muchas mujeres también sostienen a la familia, hoy en día a veces modifican este simbolismo para reflejar los papeles más mutuos[26]. Otro símbolo popular es el lazo, un tipo de Rosario que se coloca sobre los hombros de la novia y el novio y "significa su compromiso de por vida el uno con el otro y el lazo que unirá sus vidas y su amor"[27]. Los testigos también se llaman padrinos, y los amigos y familiares también ayudarán a patrocinar las festividades de la boda, por ejemplo, "la madrina del pastel" es la mujer que proporciona el pastel de bodas. En términos de la legalidad del matrimonio, la práctica mexicana de requerir una ceremonia civil antes de la religiosa puede parecerse raro a los agentes de pastoral estadounidenses ya que el sacerdote o diácono presidente desempeña la función para la Iglesia y también el estado (aunque se requiere de una licencia civil). Frecuentemente los inmigrantes recientes no están conscientes de esta práctica en los Estados Unidos de América.

d. *Otros ritos y sacramentos* usualmente se conectan con los momentos claves en las vidas de las personas tales como la madurez, como es el caso de la quinceañera o quince años, un rito de "llegada a la mayoría" para las jóvenes a los quince años[28]. La celebración de estas trae bastante controversia, hasta tal grado que algunos párrocos se niegan a permitir su celebración. El *Mexican American Cultural Center* ha emitido un ritual bilingüe excelente, completo con notas pastorales de ayuda que responde a muchas de estas preguntas[29]. Respecto a los ritos que rodean la enfermedad y la muerte, uno de los ideales primordiales en la cultura latina es que, así como uno necesita la ayuda de la comunidad para entrar

"¡Viva la Virgen!"

al mundo en el nacimiento, de la misma manera la necesita cuando lo va a dejar físicamente[30]. Aunque ya se describieron las festividades acerca del Día de los Muertos, es importante tener en mente que éstas normalmente se llevan a cabo después de un período de luto. Estas actividades en el momento de la muerte proporcionan una oportunidad a la familia a llorar a alguien, un tiempo cuando se consuelan por medio de las oraciones y apoyo emocional de los demás, ya sea a través de visitas, comidas o rituales familiares de oración como Rosarios (el novenario) o la Misa de aniversario para el alma del difunto. Los autores de *Faith Expressions* aquí tocan una nota de precaución: "Se necesita una evangelización acerca de la dimensión pascual de la muerte para los que exageran o prolongan el período de luto"[31].

La constelación devocional de las oraciones

Dado lo que ya se ha dicho acerca de las tradiciones de la fe respecto a María y los santos, y las que tienen que ver con las diferentes imágenes de Cristo, no es necesario explicar este tema en más detalle. Nuevamente, el elemento de la relacionalidad en la espiritualidad mexicana se entreteje en estas devociones[32].

La constelación de las bendiciones de protección y petición

Este aspecto de la espiritualidad mexicana o hispana corresponde de manera más cercana a la creencia de la Iglesia en los milagros[33]. Algunos teólogos de la pastoral postulan que una de las razones por las cuales muchos hispanos han dejado el catolicismo romano para las iglesias pentecostales o evangélicas es que, en un ambiente más cerebral, posterior al Segundo Concilio Vaticano, son estas iglesias más nuevas las que más enfatizan la creencia en los milagros. De manera parecida, estos grupos religiosos más recientes proporcionan una identidad más clara[34]. La espiritualidad anterior al Segundo Concilio Vaticano, más medieval y menos moderna, enfatizaba lo emotivo por encima de lo racional. Para agregar a esta realidad, las culturas más tradicionales y menos industrializadas frecuentemente tienen una mayor conciencia del sufrimiento o del mal en el mundo o mayor aprecio para reconocer la presencia de los mismos. Cuando la vida de uno es más previsible, un producto de la tecnología moderna, las fuerzas naturales como el tiempo, la enfermedad y la muerte aparentan estar más distantes. No es así para los que viven en situaciones más pobres y vulnerables, cuando una sequía o una inundación rápidamente pueden destruir el sustento. Al grado que la espiritualidad mexicana todavía es más "del tercer mundo que del primero", le pide al Todopoderoso proporcionar el sustento básico y la protección de todo lo que pone en peligro la vida.

Esta mayor conciencia de la providencia divina de Dios es el motivo por el cual los mexicanos, y a un grado menor los mexicoamericanos, buscan la bendición del sacerdote o de sus seres queridos cuando están de viaje, en tiempos de enfermedad, o en ocasiones importantes como son los bautizos, las bodas o al acercarse a la muerte. Por ejemplo, es la costumbre que los padres de familia moribundos les den la bendición a sus hijos. Esta bendición puede extenderse a los artículos asociados con el evento, como cuando se le pide al sacerdote o diácono bendecir los recuerdos que regala la familia después de un bautizo, una boda o la celebración de un aniversario de muerte. Frecuentemente se les pide a los sacerdotes la bendición a las personas; los animales; los objetos, como son los carros y los objetos religiosos; y los lugares, sobre todo las casas o los negocios[35].

Como se mencionó anteriormente, la enfermedad, una cirugía programada, el embarazo, un trabajo nuevo, la migración o un

"¡Viva la Virgen!"

viaje son tiempos especiales en los cuales se piden las bendiciones. Aquí el sentido es que es precisamente cuando nos encontramos más vulnerables que tenemos que buscar la fuerza y protección permanente de Dios. Después de un período en el cual muchos niños murieron al nacer o poco tiempo después, algunas comunidades mexicanas todavía presentan a sus recién nacidos (o a veces sus niños de tres años) en la iglesia para una bendición[36]. Estas bendiciones se piden de manera individual y personal. Por ejemplo, es frecuente que una persona o familia pide una bendición después de la Misa a pesar de que la bendición final apenas se impartió a todos los presentes.

Frecuentemente los mexicanos provenientes de ambientes rurales tienen un amor especial para los animales, tal vez debido al sentido indígena de lo sagrado de toda la creación, ¡ni hablar de la influencia de los franciscanos! En donde se realiza, la bendición de los animales refleja, según los autores de *Faith Expressions*, "un deseo profundo para la armonía con el reino animal y con todo el mundo, y anticipa los tiempos mesiánicos en los cuales se reposarán el león y el cordero. Es una bendición de alabanza y acción de gracias a Dios para la protección y acompañamiento de los animales y su servicio a la humanidad"[37]. ¡Es otra manifestación de que "la vida es sagrada!".

Una parte de la constelación de la protección incluye la bendición de objetos y lugares religiosos. En una parroquia es común tener una pequeña tienda de artículos religiosos en donde los fieles pueden comprar tales objetos como medallas, Rosarios, Biblias, crucifijos, imágenes, libros de oración y velas. Nuevamente, estos objetos frecuentemente se conectan con las ocasiones especiales como los bautizos, las primeras comuniones y las bodas. Además de su uso en la liturgia formal de la Iglesia, y en parte como extensión de la misma, el agua, las velas, las cenizas y las palmas todavía tienen mucha popularidad[38].

Otro elemento de esta constelación es la peregrinación. Esta práctica antigua, común a muchas de las grandes religiones del mundo, proporciona una oportunidad al peregrino a dejar su ambiente y pasar un tiempo de calidad en un lugar sagrado. De muchas maneras, proporciona tanto un retiro como una vacación sencilla para la gente pobre. Para los hispanos,

> refleja su expresa afirmación de ser un pueblo peregrino viviendo desde el éxodo a la tierra prometida. Frecuentemente el viaje es difícil porque el lugar escogido para la peregrinación usualmente es remoto. El sacrificio de tiempo, esfuerzo y energía—así también como de dinero—para llegar al lugar sagrado es parte de la peregrinación, la cual es un tipo especial de oración. El propósito de la peregrinación es hacer un acto de oración en adoración, acción de gracias, petición y/o reparación. A veces la peregrinación es el cumplimiento de una promesa, una manda[39].

Para los católicos mexicanos en ambos lados de la frontera, las peregrinaciones a los lugares como Nuestra Señor de San Juan de los Lagos en Jalisco, Nuestro Señor de Chalma, aproximadamente una hora y media en carro de Cuernavaca, o al santuario más visitado en todas las Américas, la Basílica de Nuestra Señora de Guadalupe en la Ciudad de México, ya sean realizadas como parroquia, familia o individuo, pueden resultar muy enriquecedoras espiritualmente. También hay lugares de peregrinación en los Estados Unidos de América, por ejemplo, el Santuario de Chimayó en Nuevo México y la ermita de la Virgen de San Juan de los Lagos en San Juan, Texas, el cual goza de popularidad especial entre los campesinos alrededor del inicio y el final de la temporada de migrar. En los lugares como San Juan de los Lagos en Jalisco, México, los seminaristas locales proporcionan atención pastoral a los peregrinos en el camino (el viaje puede durar días, semanas o hasta meses para completar). Frecuentemente los jóvenes caminan o andan en bicicleta durante días para llegar allí. En

"¡Viva la Virgen!"

estas ocasiones, la gente frecuentemente se confiesa, reza juntos como familia o grupo parroquial y saca provecho de una experiencia de vida comunitaria cristiana diaria e intensa, ¡algo que no se da por sentado en estos tiempos de una creciente secularización![40]

A veces estas peregrinaciones se realizan para cumplir con una promesa, también conocido como manda[41]. Esta última a veces toma la forma de un juramento solemne y usualmente se hace cuando la persona se siente agobiada por alguna adicción. Consiste en hacer un juramento solemne en la presencia de un ministro de la Iglesia y después firmar el verso de una tarjeta sagrada especial que especifica el período durante el cual la persona abstendrá, generalmente de consumir alcohol, pero también de fumar o de usar drogas. Cuando los amigos tratan de inducir a la persona a consumir estas sustancias, puede resistir al declararse jurado y al mostrar la tarjeta. Este juramento no se toma a la ligera: aunque existen riesgos inherentes si la persona no cuenta con recursos, por ejemplo, los Alcohólicos Anónimos, para ayudar a lidiar con la adicción, y el consumo excesivo puede suceder en cuanto se venza la plaza designada, ha ayudado a muchas personas a dejar de manera inmediata estos comportamientos autodestructivos. La consejería pastoral con una persona que desea jurar debe incluir una plática acerca de los recursos disponibles y un plan para cuando vence el período, frecuentemente de tres a seis meses.

Este breve bosquejo de las fiestas y costumbres mexicanas revela una abundancia de prácticas devocionales populares, la mayoría de las cuales se celebran en concordancia con la temporada litúrgica y la liturgia de la Iglesia. Las llamadas tres constelaciones de la piedad popular que se celebran a lo largo del calendario litúrgico incorporan los sacramentos; los sacramentales; las devociones a Cristo, María y los santos; las bendiciones; las oraciones de petición; las promesas; y las manifestaciones de agradecimiento en la vida espiritual del mexicano. Esta religiosidad popular ya no es solamente una preocupación de los teólogos de la pastoral, sino que rápidamente se está volviendo el mero meollo de una teología hispana emergente. Mientras que definitivamente puede existir un lado de sombra de toda piedad popular, sobre todo en estos casos en donde no es liberadora, por ejemplo, cuando una familia teme ser castigada por Dios porque no ha podido cumplir con su promesa o manda, en demasiadas ocasiones se ha descartado como demasiado emotivo, supersticiosa o sincretista para tomar en serio[42]. Enfatizando la necesidad de tomar en serio la religión popular, el autor de uno de los libros más ampliamente usados sobre el ministerio hispano, Allan Figueroa Deck, no obstante, habla de la tensión que frecuentemente está presente alrededor de su incorporación en la Iglesia católica de los Estados Unidos:

> La sensibilidad a los hispanos requiere que uno tenga contacto con el pueblo, conocimiento de su historia y forma de ser. También quiere decir que uno debe de apreciar el papel del símbolo, el ritual y la narrativa en sus vidas. La experiencia de un catolicismo relativamente rígido y altamente estandarizado y unívoco tiene que hacer concesión significativa a la religiosidad profundamente expresiva, gráfica, polivalente y anómala de la gente. No ha sido brinco pequeño para los católicos entrenados en la teología de la corriente dominante y los estudios pastorales en las décadas después del Concilio Vaticano II. El choque continúa en al área de gusto estético, por ejemplo, en las normas litúrgicas que invocan la simplicidad y claridad cuando en realidad el pueblo prefiere exuberancia y variedad[43].

Permanece el hecho que esta religión popular es actualmente uno de los temas principales que los teólogos hispanos están explorando[44]. Esta teología emergente es el tema del siguiente capítulo.

Capítulo 5

La lectura de la Biblia en español
Una teología contextual emergente

Cuando Dios da, da a manos llenas.

Uno de mis recuerdos más tempranos de asistir a la escuela católica parroquial es de un compañero en nuestro ambiente casi exclusivamente mexicoamericano. Se comía el lonche, traído de casa, en el edificio nuevo multiusos, que también servía como el templo de nuestra comunidad. Al otro lado de las instalaciones de la escuela se encontraba la iglesia antigua de misión de la época de la colonia española. Un día este compañero, a quien llamaré Manuel, estaba comiendo su burrito sabroso dentro de una bolsa de papel para que nadie supiera lo que había traído para el lonche. Fue de consenso general entre los niños de la escuela que un sándwich de salchicha de Bolonia en pan blanco (¡elaborado con harina blanqueada enriquecida, además!) fue muy superior a un burrito casero, completo con salsa, que probablemente había sido preparado por las manos amorosas de una mamá esa misma mañana. El punto de esta anécdota no es que los sándwiches de salchicha de Bolonia no tienen sabor, sino que es una vergüenza que nosotros los niños de la escuela, como lo evidencia la pena de Manuel, no pudimos disfrutar libremente, cualquiera que fuera el motivo, una de las comidas más comunes de nuestra cultura: un burrito delicioso hecho con frijoles, y a veces con carne (tal vez después del día de pago), comido con tortillas de harina hechas a mano.

Al reflexionar sobre este incidente, el cual ocurrió hace más de cincuenta años, regocijo que no solo han salido nuestros burritos de las bolsas de papel, sino que ya se están repartiendo para que la gente hambrienta de Dios pueda alimentarse. Este compartir concreto de lo que los mexicoamericanos y otros hispanos traen a la mesa cristiana es una parte de lo que se está llamando la teología latina o hispana de los Estados Unidos. En resumen, es un intento de explorar la teología, la cual describió San Anselmo como "la fe en búsqueda del entendimiento", desde una perspectiva hispana. Este movimiento se surte tanto de la teología de la liberación de América Latina, la cual ha contribuido mucho a nuestro entendimiento de la perspectiva en la manera que hacemos la teología, como de la teología que se hace en los Estados Unidos de América y Europa, por ejemplo, la teología acerca del feminismo, el ecumenismo y los estudios culturales[1].

Como teología que actualmente se está escribiendo en los Estados Unidos de América, sus fuentes son muchas. Como toda buena teología cristiana, reúne las Escrituras, la Tradición (la cual incluye la doctrina de la Iglesia) y la experiencia humana. La teología latina va más allá de reflexionar únicamente sobre la experiencia religiosa mexicana (la cual se describió en los capítulos anteriores) para incluir la de otros grupos latinoamericanos. Sin embargo, el hecho que los mexicoamericanos constituyen el grupo más grande entre ellos, ni hablar del hecho que México se encuentra más cerca geográficamente, quiere decir que mucha de la teología hispana de los Estados Unidos se basa en gran parte en las experiencias de fe de los mexicanos, aunque ahora en tensión creativa con otras

La lectura de la Biblia en español

teologías y culturas. Aunque es difícil decir exactamente qué es esta teología nueva porque todavía está emergiendo, no obstante, es posible proporcionar una descripción general de la forma que está tomando y quiénes son algunos de sus escritores principales.

UNA DE VARIAS TEOLOGÍAS CONTEXTUALES

Aunque su presencia data de un tiempo aún antes de la fundación de los Estados Unidos de América, es solo recientemente que las voces hispanas se han empezado a escuchar en los círculos teológicos. Desde hace casi cincuenta años algunos estudiosos han estado "haciendo teología" desde una perspectiva hispana, una perspectiva frecuentemente caracterizada por la pobreza y marginación[2]. La teología de liberación de América Latina ha contribuido mucho a nuestro entendimiento de la perspectiva en la metodología teológica. El teólogo protestante Justo González, intentando proponer una teología bíblica más contextualizada, denomina este planteamiento como "la lectura de la Biblia en español". Con esta expresión González no se refiere literalmente a la lectura de la Biblia en una traducción al español, sino al llevar una perspectiva particular a la interpretación de las Escrituras. Espera que tal perspectiva ayude no solamente a los hispanos, sino también a la Iglesia global[3].

Al grado que la teología latina procede del reconocimiento y afirmación de su contexto particular en la historia, se considera una de las muchas "teologías contextuales" que actualmente se están desarrollando. Justo González describe el nacimiento y las características comunes de estas corrientes teológicas que actualmente están disfrutando de gran popularidad entre los cristianos a lo largo del mundo:

> En la segunda mitad del siglo XX, mientras que los candidatos que se dedicaban a los estudios y reflexión

teológica se volvían cada vez más diversos, se volvió evidente que el contexto social y económica de cada teólogo deja su marca en la teología de esa persona. Por lo tanto surgieron una serie de teologías que, en lugar de negar su contextualidad, la afirmaron, sosteniendo que esto les proporcionaba nuevas y valiosas ideas acerca del significado de las Escrituras, del evangelio y de la doctrina en general. Estas varias formas de teología frecuentemente se llaman "teologías contextuales", aunque sostienen que cada teología por necesidad es contextual, y que una teología que se dice ser universal y libre de cada preferencia contextual simplemente es ciega a su propia contextualidad[4].

Según los teólogos contextuales, la fuerza de enfocarse en un contexto particular, además del entendimiento que no se puede hacer la teología de otra manera, es que uno puede "sacar paralelos entre la situación propia y la de los escritores bíblicos, y así sostener que uno ha logrado entendimiento particular y valioso sobre el significado del texto"[5]. Un ejemplo que viene inmediatamente a la mente es como la gente esclavizada afroamericana tenía mejor entendimiento del éxodo de los hijos de Israel que sus dueños. Algunos teólogos de la liberación han referido a este entendimiento o capacidad de comprender a un nivel más profundo como el "privilegio hermenéutico del pobre" (ya que la hermenéutica tiene que ver con las herramientas que utilizan para interpretar un texto).

Justo González, reconociendo que puede haber el mismo número de teologías contextuales como los hay contextos humanos, no obstante, hace lista de algunas que se están haciendo sentir en círculos teológicos, así engendrando una conversación, no solo las unas con las otras sino también con las formas más tradicionales. Entre ellas, menciona la teología de los afroamericanos, la teología latinoamericana, la teología feminista, la teología *womanist*

La lectura de la Biblia en español

(hecha por mujeres afroamericanas), la teología mujerista (una de las formas de teología latina), la teología *minjung* (un tipo de teología de la liberación coreana) y la teología latina/hispana[6]. Estas formas de hacer la teología, que frecuentemente reflejan un diálogo renovado con las culturas y la condición humana, no podrían haber surgido sin un giro grande en nuestro método teológico.

ORÍGENES

Unos de los primeros teólogos hispanos no se preocupaban tanto por hacer un aporte a la Iglesia global como por desarrollar una teología y una práctica pastoral para ayudar a guiar la pastoral para con los hispanos. Muchos consideran a Virgilio Elizondo como el principal pionero de la teología hispana. Empezó a ganar grandes elogios por sus reflexiones sobre la religión y la cultura[7].

El sacerdote mexicoamericano de San Antonio, Texas, describe lo que significa crecer viviendo entre dos mundos muy diferentes: el mexicano y el norteamericano. Mientras los primeros recuerdos de deleitarse con el calor de la comunidad mexicoamericana evocan un paraíso, los años siguientes trajeron sentimientos de rechazo y de discriminación de parte de la cultura anglosajona:

> La existencia paradisiaca de la vecindad se acabó el primer día que fui a la escuela primaria católica dirigida por religiosas alemanas, en lo que había sido una parroquia alemana. Allí el párroco aún les decía a los mexicanos que se fueran porque no era su iglesia. Mis padres me habían enviado allá por ser la escuela católica más cercana. Allí los mexicanos eran tolerados, pero no muy bien acogidos[8].

En otro pasaje de su obra autobiográfica, Elizondo reflexiona sobre cómo llegó a verse a sí mismo, no en términos de alguien que no pertenecía, ya fuere como "mexicano puro" o como "americano puro", sino en términos de algo totalmente nuevo:

> Entre los años escolares en el seminario y los veranos en la tienda [el negocio familiar situado en un vecindario mexicano], gradualmente me volví más y más consciente de las tantas cosas que yo no era; no era y no sería nunca, ni aunque lo hubiese querido, un estadounidense ordinario. Y tampoco sería un 'puro mexicano'. Había identidades que sabía que yo era y que yo no era al mismo tiempo: estadounidense, mexicano, español, indio. Sin embargo, ¡yo era! Mi propio ser era una combinación. Era una mezcla rica, ¡pero no estaba revuelto! De hecho, tenía más y más claro que mi propia identidad interna era nueva y emocionante. Comencé a gozar el sentido de lo que yo era: *no era sólo* un estadounidense y *no era sólo* un mexicano, sino plenamente ambos, sin ser exclusivamente ninguno de los dos. Conocía perfectamente a ambos, aunque permanecía un misterio para ambos. Y era una amenaza para ellos porque supieron que yo los conocía, pero ellos no me conocían a mí plenamente. Vivía en dos mundos y los dos mundos vivían en mí. Ésta era la riqueza[9].

A partir de esta claridad personal, Elizondo pasa a considerar la situación más global. En el capítulo final, "Hacia un mestizaje universal", describe una mezcla o un mestizaje no sólo a nivel cultural sino también al religioso[10]. Describe a Jesús como el gran universalizador:

> La novedad radical universalizadora del camino de Jesús de Nazaret es que ofrece a la gente la posibilidad de una existencia con guión: judeo-cristianos, gentil-cristianos, afro-cristianos, asiático-cristianos, mestizo-cristianos.

La lectura de la Biblia en español

Así el camino de Jesús afirma la identidad local a la vez que la abre a la convivencia y al libre intercambio con todos los demás. El camino de Jesús es lo opuesto de los universales abstractos de la filosofía o de la ideología; es una identidad sociocultural concreta y específica, ya no amenazada por otros o temerosa de ser contaminada por los demás[11].

Este no es un mestizaje de dominación sino de pluralismo cultural y religioso, una combinación de lo particular con lo universal. Por medio de la integración de las riquezas culturales variadas, la gente se vuelve más humana y, por lo tanto, más cristiana. Esta idea de mestizaje, la cual habla de la condición de esta parte de la población de estar "en medio de", parecida al estatus propio de Jesús como galileo, un grupo a quien se le veía como menos en su tiempo, se ha vuelto paradigmático para la teología latina.

Lo que sigue son otros aspectos importantes de la experiencia de fe de los mexicoamericanos, sobre todo como se está expresando por teólogos hispanos, de los cuales algunos son de antecedentes mexicanos y otros reflexionan sobre la experiencia de este grupo que constituye el sector más grande de la población latina de Estados Unidos. Siguiendo el ejemplo de Elizondo, algunos otros teólogos han comenzado a crear una teología arraigada en la experiencia latina de la Iglesia[12]. En 1974, se dio la publicación de dos artículos, uno de parte del sacerdote jesuita Allan Figueroa Deck y otro de parte de Marina Herrera, experta en la catequesis multicultural[13]. Deck y Arturo Bañuelas, sacerdote diocesano del El Paso, Texas, ayudaron a juntar a estos teólogos para formar, en 1988, la Academia de los Teólogos Católicos Hispanos de los Estados Unidos (ACHTUS, por sus siglas en inglés, *Academy of Catholic Hispanic Theologians of the United States*)[14]. Así como la teología de la liberación de América Latina abrió nuevos horizontes en términos de sus aportes sistemáticos en la cristología y la eclesiología, por ejemplo, los teólogos hispanos de los Estados

Unidos esperan hacer lo mismo al empezar a escribir sobre temas como la gracia, el pecado, la trinidad, los sacramentos, la antropología cristiana, la mariología y la eclesiología, siempre dentro del contexto de las personas que forman parte de una comunidad con una tradición viva. Las grandes categorías teológicas, por lo tanto, son mensajes dirigidos a la vida de la comunidad, no simplemente al individuo aislado, el cual se ha vuelto la maldición de mucha de la cultura moderna.

MÉTODO

Mucho del giro a la persona humana de la teología actual, descrito de algunas maneras como una preocupación por lo particular a diferencia de un universal desconectado, ha implicado un menor énfasis en la ortodoxia (el "pensar correcto" o la doctrina) y más énfasis en la ortopraxis (el "actuar correcto"). Los teólogos quienes se preocupan que se ha dicho demasiado acerca de la ortodoxia y no se ha dicho lo suficiente acerca de la ortopraxis están convencidos que "la praxis tiene igual importancia que la doctrina correcta—o, más bien, que una doctrina, no obstante si es correcto, que no lleva a y se deriva de la praxis del amor es defectuosa"[15].

En general, los teólogos hispanos utilizan el enfoque de la praxis enfatizado por la teología de la liberación. A la vez, también están conscientes del peligro de tratar de insertar sin crítica lo que está mejor adaptado a otro contexto. Por lo tanto, están teologizando desde una perspectiva cultural única, más concretamente, de una posición dentro de la cual ellos, como miembros de un pueblo oprimido, experimentan a Dios[16]. Este nuevo grupo de teólogos, de los cuales un número significativo son mujeres, parecen estar conscientes intuitivamente de la necesidad de mantenerse en contacto con el ambiente teológico que los dio a luz. Sin embargo, a la vez están respondiendo al reto de dialogar con

La lectura de la Biblia en español

la tradición como la presentan los teólogos llamados académicos o de la corriente común.

Dichas obras frecuentemente parten de una mirada a la realidad socioeconómica, y proceden a usar el método de "ver, pensar y actuar", es decir, el círculo de mover de la experiencia de la inserción a la realidad de la situación, haciendo análisis social y examinando esa realidad a través de los ojos de la fe, y finalmente moviéndose hacia la planeación pastoral[17]. Dos obras claves que emplean una metodología de la praxis son *Hispanic Women: Prophetic Voice in the Church* por Ada María Isasi-Díaz, una cubanaamericana, y Yolanda Tarango, una mexicoamericana; y *The Second Wave: Hispanic Ministry and the Evangelization of Cultures* por Allan Figueroa Deck.

En el otoño de 1986, Isasi-Díaz publicó "Apuntes para una teología de la liberación de la mujer hispana", un artículo que estableció el tono para la evolución de la teología mujerista[18]. Poco después, junta con Yolanda Tarango, una Hermana de la Caridad del Verbo Encarnado de El Paso, Texas, produjo un trabajo que está destinado a ser un clásico por su innovación metodológica. En *Hispanic Women: Prophetic Voice in the Church*, las dos teólogas latinas exponen su teoría acerca de lo que constituye una teología desde la perspectiva de la mujer hispana y proceden a ilustrar este proceso con ejemplos. Su método fue reflexionar con grupos de mujeres hispanas con la finalidad de conocer y comprender sus convicciones acerca de lo divino[19].

De lo que salió de estas pláticas, buscaron identificar los temas recurrentes. Puesto que ellas sostienen que la teología mujerista consiste en una praxis liberadora, el comportamiento es un constitutivo importante. Las investigadoras, por lo tanto, examinaron el entendimiento ético de esas mujeres hispanas buscando sacar los temas recurrentes. La parte final del proceso incluyó una especie de retroalimentación con las que contribuyeron al estudio con el propósito de confirmar que lo que las investigadoras grabaron y analizaron sí era representativo de sus creencias y para que se integrara a una praxis liberadora futura. Yolanda Tarango y Ada María Isasi-Díaz han adoptado este método, que de muchas maneras es muy antropológico, para hacer teología. Este planteamiento que "deja que las mujeres hablen por sí mismas" se previene contra una perspectiva comunitaria idealizada cuando se está hablando de los hispanos. En el centro del manejo de la propia subjetividad histórica están la autopercepción y la autoconciencia. Este proceso autorreflexivo es la clave para hacer teología mujerista. Es una manera de tomar en serio la experiencia de la fe, o como lo designa Isasi-Díaz, la "experiencia vivida" de la mujer hispana. Desde el comienzo, Isasi-Díaz y Tarango aclaran que su finalidad es la liberación. Así es que ellas no tienen pretensiones de proceder desde un punto de partida objetivo y exento de pasiones:

> Primero y principalmente somo activistas—mujeres hispanas comprometidas con la lucha por la justicia y la paz. Nuestra experiencia vivida nos ha señalado el camino de ser teólogas. No vemos ningún conflicto en ser tanto teólogas como activistas; esto se deriva de nuestro entendimiento de la intrínseca unidad entre lo que clásicamente se ha llamado la teología sistemática y la teología moral o ética. Esto se volverá obvio en la medida en que aclaremos lo que para nosotras significa *hacer* teología[20].

El libro posterior de Isasi-Díaz, *En la lucha/In the Struggle: Elaborating a Mujerista Theology*, emplea la misma metodología para seguir elaborando una teología mujerista. La impresión global que da al leerse, junto con *Hispanic Women: Prophetic Voice in the Church*, es la necesidad de tomar en serio lo emotivo al teologizar[21]. Isasi-Díaz y Tarango toman a la letra la definición del antropólogo Clifford Geertz de la religión:

La lectura de la Biblia en español

> un sistema de símbolos que sirve para establecer en los hombres estados de ánimo y motivaciones poderosos, dominantes y perdurables, al formular concepciones acerca de un orden general de la existencia y al revestir esas concepciones con tal sentido de realidad que los estados de ánimo y las motivaciones parecen únicamente realistas[22].

Las historias narradas por las mujeres que entrevistaron, cuyos temas recurrentes a menudo incluyen la comunidad y la familia, revelan mucho acerca de los "estados de ánimo y motivaciones" que están detrás de su fe, como también de su comportamiento ético[23].

Así como Isasi-Díaz y Tarango, el mexicoamericano Allan Figueroa Deck se preocupa mucho por la praxis. La teoría está al servicio de la práctica y la práctica debe de influir en la teoría[24]. El trabajo más comentado hasta la fecha de este jesuita es *The Second Wave: Hispanic Ministry and the Evangelization of Cultures*[25]. Por medio de este trabajo, Deck ha construido una estructura para entender el ministerio hispano en la Iglesia católica de hoy. Es un esfuerzo por sacar a la luz los asuntos pastorales. Por "segunda ola" entiende la tendencia demográfica de los pueblos latinoamericanos y asiático-pacíficos viniendo a los Estados Unidos que comenzó después de la Segunda Guerra Mundial y continúa hasta hoy. Esta tendencia progresiva ha ido cambiando la cara de la Iglesia católica estadounidense. Anteriormente constituida por inmigrantes en su mayoría europeos y por sus descendientes, la Iglesia católica en los Estados unidos mañana será hispana o latina en su mayoría.

Deck nota que la "primera ola" de inmigrantes a los Estados Unidos de América se constituía por los grupos étnicos tradicionalmente católicos: irlandeses, alemanes, italianos y eslavos. De muchas maneras, estos grupos se asimilaron bien a la corriente principal de los Estados Unidos:

Católicos Mexicoamericanos

Los católicos estadounidenses se han vuelto cómodos con su identidad ganada en la lucha. Los hijos y las hijas de las tupidas masas—la "primera ola"—que desembarcaron en el siglo [XIX o a comienzos del XX], lograron la aceptación en un país predominantemente protestante y bastante anticatólico. La lucha fue larga y con frecuencia amarga. La Segunda Guerra Mundial ofreció a estos inmigrantes y a sus vástagos una oportunidad para demostrar su americanismo. Ellos desempeñaron sus deberes cívicos y patrióticos con distinción. Y en su mayoría dejaron de hablar sus idiomas nativos. Y para 1960, Estados Unidos estuvo en condiciones de elegir a un presidente católico. Los católicos romanos estaban volviéndose "tan norteamericanos como el pay de manzana"[26].

Sin embargo, con la llegada más reciente de nuevos y extensos grupos de inmigrantes, muchos de los cuales son católicos, la Iglesia se ha encontrado en una posición diferente:

En este momento en la historia, consiguientemente, la Iglesia católica estadounidense es esquizofrénica, atrapada entre dos identidades. Una consiste en la realización del proceso de asimilación a la corriente principal; la otra es resultado de una nueva inmigración que no muestra señales de disminución. Esta migración transformará a esa Iglesia durante el próximo siglo en una institución predominantemente hispanoamericana, exactamente como hoy es predominantemente irlandesamericana[27].

Desde el comienzo, Deck asienta el escenario de lo que hoy representa el reto más importante para la Iglesia en los Estados Unidos de América: "Este libro está escrito con la convicción de que cuanto se hace para promover el cuidado pastoral eficaz de los hispanos hoy, determinará hasta un grado que todavía no se puede

La lectura de la Biblia en español

apreciar plenamente la vitalidad y eficiencia de la Iglesia católica norteamericana de siglo XXI"[28]. Las puras cifras, por no decir nada del reto del Evangelio, exigen una cuidadosa revisión de la estrategia pastoral, que tome en cuenta no sólo el bien de la comunidad hispana, sino también el de toda la Iglesia estadounidense. Para Deck, una verdadera evangelización de la Iglesia norteamericana pide una atención consistente a valores evangélicos tales como el respeto mutuo, el diálogo y el pluralismo[29].

En general, sus escritos revelan una dialéctica entre la teoría y la práctica. Es decir, toma las fuentes teológicas, como la Biblia, la realidad actual y el magisterio, para orientar asuntos prácticos y las preocupaciones prácticas para iluminar las fuentes teológicas. Por ejemplo, escribiendo acerca de la migración ilegal a los Estados Unidos, emplea conceptos bíblicos y teológicos concernientes a los extranjeros, la doctrina social católica y la realidad sociológica actual[30].

Mientras que esta sección ha descrito el planteamiento de dos mexicoamericanos (así como también de un cubanoamericano) respecto a la teología por el ojo de la praxis, hay escritores hispanos cuyo método está más en diálogo con la antropología, la filosofía y el arte. Su método surge de su lidiar con algunos temas principales que se resumen a continuación. Algunos, como la Virgen de Guadalupe y el significado religioso del concepto de la fiesta, ya se han explorado.

TEMAS TEOLÓGICOS PRINCIPALES QUE SE ENCUENTRAN EN LOS ESCRITOS DE LATINOS Y LATINAS SOBRE ASUNTOS MEXICANOS

La religión o la religiosidad popular

El teólogo latino que ha escrito más que nadie sobre este hilo importante de la teología hispana es Orlando O. Espín. Nacido en

Católicos Mexicoamericanos

Cuba y criado en los Estados Unidos, ha trabajado en la República Dominicana, el Brasil y los Estados Unidos de América. Es también el editor fundador de la revista teológica *Journal of Hispanic/Latino Theology*. Ya que sus reflexiones teológicas surgen en parte de la realidad religiosa mexicana, sobre todo como se relaciona con la piedad popular, se resume su obra aquí. Espín, cuyo medio principal de expresión ha sido artículos y conferencias, se ha distinguido por sus reflexiones sobre el papel de la cultura en la teología y la importancia de incorporar la religiosidad popular en nuestro teologizar[31]. Ha tratado temas en la teología sistemática como la gracia, el pecado, la trinidad, y la antropología cristiana. Sostiene que la religiosidad popular, que él considera un medio privilegiado para comprender el *sensus fidelium*, es una fuente clave para construir una adecuada teología de la gracia y de la providencia. Por *sensus fidelium*, Espín entiende el testimonio viviente de la fe del pueblo, es decir, una cierta intuición que brota del estilo cristiano de vida[32]. A la luz de la larga historia de la espiritualidad mexicoamericana y latinoamericana, tiene sentido la aseveración de este teólogo que "la religiosidad popular es un vehículo privilegiado para las culturas hispanas"[33]. Esta "creación cultural menos invadida" proporciona un medio para conservar la fe. En sus palabras, "Ha sido mediante la religiosidad popular que hemos sido capaces de desarrollar, preservar y comunicar creencias religiosas profundamente sostenidas. Por ella experimentamos encuentros profundos con Dios"[34].

Así como Deck, Espín se queja de la falta de atención seria de parte de los teólogos modernos al estudio de la religiosidad popular. Percibido frecuentemente como perteneciente a la tarea de antropólogos o científicos sociales, el papel de la religiosidad popular en la Iglesia ha sido menospreciado hasta por algunas teologías de la liberación. Espín nota que "No es una exageración afirmar que, en los círculos teológicos católicos, la religión popular o es tratada como un ejemplo de lo que no debería de ser o es

La lectura de la Biblia en español

simplemente ignorada como algo sin importancia para la empresa teológica seria"[35].

En una entrevista para el *National Catholic Reporter*, Espín explica la diferencia en un método que estudia la religiosidad popular "no como la estudiaría un antropólogo, sino un teólogo"[36]. Continúa describiendo algunas de las características de esta religiosidad popular: "un énfasis en la compasión y la solidaridad, un énfasis en lo afectivo y, literalmente, en su popularidad—es el catolicismo del pueblo", con los clérigos menos importantes que los laicos como líderes[37].

En sus escritos, Espín entresaca dos símbolos claves hallados en la religiosidad popular, símbolos que él llama "portadores del Evangelio cristiano": el Cristo crucificado y María. "Estos dos símbolos están presentes en cada comunidad católica hispana de Estados Unidos, con funciones y significados muy parecidas, dándonos un enlace religioso conectivo en medio de la diversidad hispana"[38]. En el curso de los siglos, el Cristo sufriente, como ponen en evidencia la iconografía hispana y las devociones populares como las que se enfocan en la Pasión, ha atraído a los latinos. Espín explica el por qué, conectando la historia de opresión con un sentido intuitivo del poder transformador de la cruz hoy:

> El Cristo del simbolismo hispano de la pasión es un ser humano torturado, sufriente. La imagen no deja lugar a dudas. Sin embargo, el Cristo moribundo es tan especial porque no es simplemente otro ser humano cualquiera que sufre injustamente en manos de humanos malvados. Es el Cristo divino, y esto hace su sufrimiento inocente tanto más dramático. Es invocado como si se le hablara a una persona viviente, y no solamente lamentado y recordado como algún héroe muerto del pasado. Su pasión y su muerte expresan su solidaridad con todos los hombres y las mujeres de la historia que también han sufrido inocentemente a mano de los malhechores[39].

Católicos Mexicoamericanos

En otra parte, el teólogo nacido en Cuba, después de haber examinado históricamente algunos de los medios empleados en la primera evangelización de los indígenas de México, explica por qué el Cristo crucificado se volvió tan popular: el pueblo conquistado podía relacionarse con un Cristo sufriente. Incorporando la historia, la antropología y la teología, Espín, con gran maestría, relaciona este Cristo sufriente al monoteísmo trinitario en el México del siglo XVI[40].

El papel de las mujeres

María Pilar Aquino, nacida en Ixtlán del Río, Nayarit, creció en Sonora, México, y fue educada en México, Costa Rica, Perú y España. Lleva la distinción de ser la primera mujer católica en obtener un doctorado en teología de la Pontificia Universidad de Salamanca (España). Sus publicaciones son extensas. Si primer libro, *Aportes para una Teología desde la Mujer*, es una obra en colaboración[41]. En 1992, publicó *Nuestro clamor por la vida: Teología latinoamericana desde la perspectiva de la mujer*[42]. Una versión más completa de esta obra, *Our Cry for Life: Feminist Theology from Latin America*, se publicó en 1993 en inglés[43].

Aquino está intentando desarrollar una teología de la liberación desde el punto de vista de las latinas[44]. Su artículo "Doing Theology from the Perspective of Latin American Women"[45] resume las ideas que están ampliadas en su libro. En el corazón de su trabajo hay una crítica de algunos de los métodos teológicos dominantes hoy empleados, incluyendo el de algunos teólogos latinoamericanos de la liberación o teólogos hispanos de los Estados Unidos. Como Isasi-Díaz, cuya teología mujerista la induce a hacer una distinción entre el feminismo norteamericano y el latino, Aquino es crítica del tipo norteamericano. Al presentar su ensayo, el editor, Roberto S. Goizueta, hace las siguientes observaciones:

La lectura de la Biblia en español

> Simpatizando con la teología de la liberación latinoamericana y con el feminismo angloamericano, Aquino, no obstante, propone una crítica de ambos: de la primera, por su perspectiva androcéntrica, y del segundo por su falta de hacer más explícito el nexo causal entre el sexismo y el clasismo, entre los privilegios de las mujeres del primer mundo y la explotación de las mujeres del tercer mundo. Esta crítica es esencial conforme las latinas vayan desarrollando una reflexión teológica que las afirme como sujetos históricos con su propio valor. A su vez, esta reflexión contribuye al desarrollo de una perspectiva teológica integral que será liberadora, tanto para las mujeres como para los hombres[46].

Aquino comparte también con Isasi-Díaz una crítica de toda teología que no tome en serio lo afectivo o que no esté fundada en la experiencia vivida[47].

Dos realidades se vuelven más y más obvias al leer sus escritos: (1) dentro de uno de los grupos minoritarios más pobres de los Estados Unidos de América (aunque su marco de referencia incluya a toda América Latina), las latinas están entre las más necesitadas y oprimidas[48], y (2) las latinas son, en realidad, las impulsoras de buena parte del trabajo que se está realizando hoy en la evangelización y en la gestión social. Para corroborar la primera realidad, la de la opresión de las mujeres latinas, Aquino cita a I. Gebara, quien afirma que en América Latina:

> los pobres tienen muchas caras: trabajadores, campesinos, limosneros, niños abandonados, los jóvenes marginados y sin recursos, y otros. Son hombres y mujeres; sin embargo, entre ellos, tenemos que dar la precedencia a un grupo: *el de las mujeres*... La mujer pobre hoy es pobre hasta entre los pobres. Ella es verdaderamente

otra: la mujer sobrecargada, la mujer menstruante, la mujer que trabaja, madre, hija y esposa. Ella es al mismo tiempo, tanto sujeto como objeto de nuestra opción por los pobres[49].

Cuando uno considera el número de mujeres latinoamericanas quienes, para mantener a sus familias, son obligadas a emigrar hacia los países desarrollados, especialmente a los Estados Unidos de América, su descripción se puede aplicar en seguida al contexto norteamericano.

A esta realidad, Aquino lleva la luz del Evangelio, un Evangelio que proclama la vida en toda su plenitud. Es esta promoción del Evangelio y de la vida la que debería ser el *locus* de la teología:

> [E]l fin de la teología desde el punto de vista de las mujeres tiene que compartir el fin de la actividad recreadora de Dios en la historia e inspirarse en ella. Además, debe iluminar y activar la respuesta de fe por parte del que la acepta. De acuerdo con el corazón de la visión bíblica liberadora, este fin está en camino hacia la consecución de la plenitud de la vida, de la integridad humana, de la solidaridad compartida, de la liberación completa y del común disfrute de los bienes de la tierra. La formulación de este fin se ubica sucintamente en Juan 10,10: "Yo he venido para que tengan vida, y la tengan en abundancia"[50].

Aquino demuestra cómo a estas latinas llenas de fe no les falta la esperanza, a pesar de su pobreza y su opresión. Al contrario, están muy comprometidas en la transformación tanto de la sociedad como de la Iglesia:

> Para las mujeres latinas, la fe cristiana no es un aspecto fragmentario de su vida o de su propia identidad cultural.

La lectura de la Biblia en español

La lucha de estas mujeres por una tierra nueva y por nuevas maneras de ser y de vivir en la iglesia, en donde pueden participar como miembros con su propio derecho, se inspira en su convicción de fe y afecta toda su vida. Para mencionar apenas unas cuantas de sus actividades, muchas mujeres latinas están comprometidas con los grupos de derechos humanos; con la defensa de los indocumentados; con los movimientos de la solidaridad; con la paz; con los movimientos ecológicos, artísticos y culturales; con los grupos de evangelización liberadora; con la afirmación de las comunidades indígenas; con la defensa de los derechos civiles; con la afirmación de las mujeres, los jóvenes, los niños y los ancianos; y más. Por consecuencia, la reflexión teológica debe de tomar en cuenta sus múltiples intereses como creyentes, como pobres y como mujeres, junto con sus valores culturales y religiosos[51].

Dada su situación opresiva, y también su trabajo comprometido por la fe y la justicia, Aquino sostiene que las latinas tienen mucho que contribuir a la empresa teológica. Con todo, según escribió en 1992, lamenta la falta de teólogas hispanas, comentando que "Es absurdo que, después de 500 años de cristiandad en este continente, haya menos de ocho mujeres latinoamericanas que tienen un título doctoral en teología"[52]. Es igualmente crítica de la falta de oportunidades de liderazgo que las mujeres pueden conseguir en los ámbitos eclesiales[53].

Aquino cree que algunos teólogos hispanos de los Estados Unidos, debido a su excesiva preocupación por los problemas de identidad y por la religiosidad popular, están perdiendo de vista las realidades socioeconómicas que caracterizan a la población latina tanto en los Estados Unidos como en América Latina. Señala que ellos están dedicándole demasiada atención a la liberación cultural e insuficiente a la socioeconómica, y de ese modo corren el riesgo de no estar en contacto con la plenitud de la realidad.

La belleza o la estética teológica

Parecido a la preocupación de Espín que la religiosidad popular sea visto como un *locus theologicus*, o el lugar en donde la teología encuentra sus fuentes, como las Escrituras, la tradición o la experiencia, Roberto Goizueta, también cubanoamericano, escribe acerca del significado teológico de dichas realidades culturales mexicanas como la Virgen de Guadalupe o las percepciones del Cristo sufriente[54]. Su obra más famosa hasta la fecha es *Caminemos con Jesús: Toward a Hispanic/Latino Theology of Accompaniment*[55]. En este y otros escritos, Goizueta está luchando con algo de lo que está detrás de dicha diferencia radical en la percepción y el comportamiento del hispano en comparación con otros norteamericanos. Aunque la historia de la opresión no puede pasarse por alto, algo que Elizondo repetidamente ha señalado, Goizueta se concentra en algunas proposiciones filosóficas. Nota, por ejemplo, que el paradigma estético ha jugado un papel importante en la filosofía de América Latina, de muchas maneras como una alternativa al paradigma epistemológico cartesiano[56]. La religiosidad popular, por lo tanto, que empeña los sentidos y no simplemente llama a la razón, será más atractiva que otras maneras de encontrarse con lo sagrado.

Esta preferencia por el paradigma estético no niega la capacidad de ser racional. Goizueta critica cierta tendencia de la cultura dominante estadounidense a estereotipar a los latinos:

> Retratados como amables, amantes de la diversión, gente de calor de sentimiento y de fiestas, o sea, gente "del cuerpo", en contraste con los anglosajones, gente "de la mente", se nos ha privado de nuestras mentes y hemos sido considerados incapaces de pensamientos racionales

La lectura de la Biblia en español

y serios. A pesar de que algunas de las mejores obras literarias, filosóficas, teológicas y poéticas hayan sido escritas en español, el lenguaje mismo continúa siendo percibido como menos "erudito" que el francés o el alemán[57].

Al mirar retrospectivamente la gran herencia cultural que se halla en España y en América Latina, Goizueta reconoce el nacimiento de un pueblo nuevo, el mestizo que Elizondo ha descrito tan elocuentemente. Es dentro de este nuevo mundo, este nuevo contexto, que el teólogo latino debe trabajar. La antropología juega un papel crucial en este proceso de contextualización[58]. Goizueta escribe:

> Examinando la naturaleza de la subjetividad y de la comunidad desde el interior de la cosmovisión hispana estadounidense, y el consiguiente rol de esta antropología en el método de la teología hispana, exploraremos el significado de una antropología hispana, o una comprensión hispana de la persona, para el método teológico[59].

Este teólogo nacido en Cuba tiene claro que una teología contextual hispana no obtendrá beneficios solamente para los hispanos, sino también para toda la Iglesia. El lector tiene el sentido que Goizueta, consciente de sus propios antecedentes biculturales, está explorando cómo los escritos recientes de los teólogos hispanos de los Estados Unidos caben dentro de un esquema intuitivo que de alguna forma ve que la teoría, la praxis y la estética están interrelacionadas. Según Arturo Bañuelas, esta combinación de teoría-praxis-estética puede resumirse como el ciclo de conocer la verdad (teoría), hacer la justicia (praxis) y sentir la belleza (estética)[60].

Un nuevo ecumenismo

Esta nueva generación de estudiosos hispanos ha trabajado duro por llenar la brecha entre las iglesias hispanas católicas romanas y protestantes. Al juzgar por sus escritos, se nota que están familiarizados los unos con el trabajo de los otros. Ha habido un entendimiento más matizado de la tradición conforme los católicos hispanos han empezado a reconocer que no son los únicos portadores de un tipo particular de cristianismo cultural y los hispanos protestantes se han vuelto más conscientes de la tradición católica de la cual todavía se nutren[61].

Otras señales de esperanza para un entendimiento ecuménico aumentado entre las iglesias se vuelven más evidentes. Entre las más notables son las empresas educativas colaborativas entre los muchos centros ecuménicos teológicos a lo largo del país, por ejemplo, la Unión de Estudios de Posgrado de Teología en Berkeley, California, *the Graduate Theological Union, GTU*; el Programa de Verano Hispano, the *Hispanic Summer Program*, un curso anual de dos semanas de nivel maestría de estudio teológico, cuya sede rota a diferentes instituciones y el cual está impartido por un profesorado latino; la colaboración abierta en cuanto a las revistas estudiosas; y, finalmente, los esfuerzos conjuntos para la justicia, sobre todo en el caso de los proyectos urbanos de organización comunitaria basados en la fe, o *faith-based community organizing*[62].

LA RELEVANCIA DE LA TEOLOGÍA HISPANA DE LOS ESTADOS UNIDOS A UN PÚBLICO ECLESIAL MÁS GLOBAL

Como una subsección de la teología hispana/latina de los Estados Unidos, los temas teológicos mexicanos que se destacan

La lectura de la Biblia en español

en este capítulo—la religión o la religiosidad popular; el papel de las mujeres, sobre todo respecto a la justicia; la belleza o la estética teológica; y el ecumenismo—tienen mucho que aportar a nuestro contexto eclesial más global. Al preguntar por qué esta teología, tan particular a un contexto específico, debe ser de interés a un público más global, Kenneth Davis responde con cinco motivos: (1) la historia: "el catolicismo en lo que es ahora los Estados Unidos no empezó con las trece colonias originales sino con los conquistadores y misioneros españoles, nómadas y arquitectos indígenas, así también los esclavos y chamanes africanos"; (2) la demografía: "unos 20 millones de hispanos católicos viven en los Estados Unidos... por lo tanto el porcentaje de católicos en los Estados Unidos que son hispanos es grande y está aumentando de manera explosiva"; (3) celebrativo: "la manera distinta por medio de la cual los hispanos son católicos [como producto de las culturas ibérica, indígena, africana y estadounidense] ha creado una manera diversa y distinta de ser católica"; (4) "el sentido común si no una decencia común": en un clima en el cual los políticos y negocios están desesperados por atraer su atención, "tal vez el autointerés estratégico católico será motivo suficiente para escuchar a las hermanas y hermanos hispanos si la historia, la demografía y la justicia no lo son"; y (5) la disciplina de la teología: un método teológico que es comunitario, colaborativo, conectado con la experiencia vivida de la gente y transformador. En términos de la disciplina formal de la teología, Davis concluye: "Estos son paradigmas nuevos para la teología que desafían el empate de liberal versus conservador, ya que crean una sinergia sistemática entre la teología y el ministerio que es un aporte imaginativa y significativa a la academia, así como a toda la Iglesia"[63].

Capítulo 6

Retos y oportunidades pastorales

Preguntas frecuentes respecto a la pastoral con y entre los mexicanos y mexicoamericanos

Dios da, pero no acarrea.

Hoy en día es común ver en la mayoría de los programas de computadora o en los sitios de internet una sección que se llama "FAQs" por sus siglas en inglés [*Frequently Asked Questions*], o "preguntas frecuentes". Este capítulo pretende ser más fácil de usar, al ofrecer sugerencias concretas a las realidades pastorales utilizando el mismo formato. Como el dicho mexicano citado arriba, este capítulo proporciona sabiduría práctica para el agente de pastoral. El capítulo 2 señaló la pobreza, la falta de estudios formales y otros factores socioeconómicos de la población mexicana en los Estados Unidos. En los capítulos siguientes se hizo referencia al aspecto juvenil, la fuerte formación familiar, la espiritualidad y la teología emergente de la comunidad mexicana estadounidense, señales de esperanza para esta población dentro de la Iglesia católica en los

Retos y oportunidades pastorales

Estados Unidos. Este capítulo examina algunos de los retos pastorales que esta comunidad ofrece a la Iglesia junto con las muchas oportunidades que presenta. Mucho del material viene de entrevistas personales con laicos, religiosos, seminaristas y sacerdotes—muchos mencionados en el prefacio—que están dando servicio como agentes de pastoral y educadores.

Antes de presentar estos retos y oportunidades pastorales, para hacerle justicia a nuestra historia como la Iglesia católica en los Estados Unidos es necesario que reconozcamos que estamos parados sobre hombros de gigantes. Como reconocen los capítulos 1 y 2, desde el tiempo de la primera evangelización de las Américas, empezando en el siglo XVI, hombres y mujeres dotados se han dedicado de manera creativa a la tarea de difundir la Buena Nueva en el Nuevo Mundo[1]. Se esforzaron por discernir los "signos de los tiempos" y por desarrollar una catequesis y liturgia inculturada, una que enseñaría y encarnaría los valores del Evangelio de maneras que los pueblos nativos podrían entender y acoger. Otro evento histórico fue el establecimiento de una oficina nacional para el ministerio hispano en 1945. Uno de los frutos de esa oficina es que ya en 2007 el 75 por ciento de las diócesis tenían una oficina para el ministerio hispano[2]. La preparación de tantas personas para trabajar en la pastoral hispana debe mucho al trabajo pionero de dichas instituciones como el Mexican American Cultural Center (MACC) en San Antonio, Texas. Incluso en tiempos recientes, la tercera parte de las diócesis en los Estados Unidos (el 34 por ciento) tienen un instituto pastoral de fe y formación de liderazgo que atiende a los católicos que hablan español[3].

Los obispos de los Estados Unidos, escribiendo en *Encuentro & Mission: A Renewed Pastoral Framework for Hispanic Ministry*[4], exhortan a los hispanos a asumir papeles de liderazgo en una Iglesia culturalmente diversa. Pero permanece el hecho de que en los inicios de los 2000, apenas el 4 por ciento de los ministros eclesiales laicos capacitados eran hispanos, mientras que apenas el 5 por ciento de los sacerdotes en los Estados Unidos de América eran hispanos[5]. Dadas estas estadísticas, es esencial que echemos un vistazo nuevo a nuestras historias, sobre todo a la luz de los principios que guiaron estas estrategias pastorales[6].

Al diseñar un plan pastoral local para una población mexicana inmigrante, ¿qué tipos de cosas debemos de tener en mente?

1. Conocer su congregación. Un factor clave es investigar todo lo que se pueda acerca de la población que ahora vive en su comunidad, sobre todo en áreas que previamente tenían poca presencia hispana, como en Nueva Orleans, Luisiana, después del huracán Katrina en 2005. Investigar acerca de la tierra de origen— nacionalidad, estado y pueblo, de ser posible. ¿Por qué es importante esto? En el caso de las personas provenientes del estado mexicano indígena de Oaxaca, por ejemplo, puede enterarse que el español es para ellos un segundo idioma. Pero también aprenderá que cada estado y cada comunidad frecuentemente tendrá sus propias costumbres y prácticas, así como las tendrán las personas que provienen de diferentes partes de los Estados Unidos de América. ¿Qué edad tienen?[7] Mientras que en el pasado la mayoría de los que venían eran jóvenes decididos a ayudar a sus familias en México, ahora es frecuente ver a mujeres y a veces hasta niños. Hay pueblos en México en estados como Michoacán, por ejemplo, en donde la falta de hombres jóvenes hace difícil que las mujeres jóvenes encuentren un esposo. ¿Cuánto tiempo han estado en los Estados Unidos de América, y cuánto tiempo piensan quedarse? Muchos inmigrantes mexicanos a los Estados Unidos de América realmente son migrantes que vienen por temporada para trabajar en la agricultura o en negocios relacionados. Otros vienen por períodos mucho más largos. Mientras que pocos mexicanos quieren dejar su país para una tierra extraña en búsqueda de trabajo para apoyar a sus familias, la disponibilidad de un trabajo, incluso los trabajos que muchos residentes de los Estados Unidos consideran como degradantes, así como la fuerza del dólar en contra del peso mexicano, los mantiene cruzando la frontera a pesar del

Retos y oportunidades pastorales

creciente peligro y dificultad[8]. Los efectos de la pobreza en combinación con la inmigración ilegal son marcados: desintegración familiar, analfabetismo, infidelidad matrimonial, hacinamiento, explotación, bajo autoestima y alcoholismo, el cual frecuentemente está conectado con la violencia doméstica. Además, a la mayoría de los inmigrantes se les espera que envíen dinero a sus familiares en México, además de pagar su propio viaje para cruzar de la frontera y sus gastos en los Estados Unidos de América.

Uno de los aspectos más difíciles de trabajar con inmigrantes mexicanos es que la o el agente de pastoral pronto encuentra que se le pide que desempeñe una función religiosa pero también como trabajador social, educador, terapeuta, enfermero, licenciado, abogado político y activista. Esta población, frecuentemente acosada por la pobreza, falta de estudio y complicaciones con la residencia legal, no tiene los mismos apoyos con los que cuentan otras clases sociales en los Estados Unidos de América. Las redes sociales que aprovechan de los recursos de la comunidad en estas áreas son sumamente valiosas. El agente de pastoral, por lo tanto, tiene que desarrollar una buena lista de profesionistas que pueden ayudar— ¡no trate de hacerlo todo a solas! A veces las realidades de trabajar con y entre una población hispana que tiene más que su porción de problemas—el SIDA, por ejemplo, que en 2002 fue la cuarta de las principales causas de muerte entre hombres y mujeres hispanos de edad de veinticinco a treinta y cuatro—pueden ser agobiantes[9].

2. Animarlos cuanto más se pueda. Dados los muchos factores difíciles descritos arriba, no ha de sorprenderse que estas comunidades recién llegadas no se adaptan de manera inmediata a la vida parroquial como se vive en los Estados Unidos de América. Su experiencia de la religión y la espiritualidad, frecuentemente conectada con las prácticas domésticas de la religiosidad popular, dadas las demandas del trabajo y la escuela, se altera de manera dramática. Por eso, dichas prácticas como las posadas y las celebraciones alrededor de la Virgen de Guadalupe, descritas en el capítulo 4, pueden tomar para ellos un significado nuevo. Éstas se vuelven una manera de reconectarse con sus comunidades nativas, así como de trasmitir sus tradiciones vivas a sus hijos en medio de lo que perciben como tendencias secularizadoras. Cuando no se les da la misma importancia a estas celebraciones como se daba en su lugar de origen, o cuando no se celebran igual de "grande" como pudiese hacer en sus pueblos mexicanos, la gente puede desanimarse. Es allí donde es clave el liderazgo pastoral para ayudar a la gente a darse cuenta de que toma tiempo crear el tipo de comunidad religiosa que experimentaba en su lugar de origen. Se han de reconocer sus avances en hacer lo mismo en los Estados Unidos de América, incluso, por ejemplo, al grado que el liderazgo parroquial asiste a estas celebraciones[10].

3. *Darse cuenta de que el lenguaje frecuentemente no es verbal y que también está conectado con la identidad.* Dada la alta tasa de adquisición de inglés de parte de los inmigrantes hispanos de segunda generación e incluso por sus padres inmigrantes, los agentes de pastoral que no hablan español a veces se preguntan si realmente es necesario aprender español para trabajar con esta población[11]. El uso del idioma español, aunque se pide menos que si estuvieran en México, es importante porque envía el mensaje que vale la pena aprenderlo. Las generaciones posteriores a veces se avergüenzan de un idioma que al parecer se habla solamente por la clase más baja ya que, en muchos lugares, la mayoría del trabajo manual se realiza por hispanohablantes nativos. Además, al afirmar el idioma el agente de pastoral afirma la familia de origen. Finalmente, respecto al lenguaje no verbal, los que no son nativos a la cultura deben de tomar en cuenta que se comunica mucho sin palabras. La atención cuidadosa al lenguaje corporal, por ejemplo, cuando son apropiados ciertos gestos como un abrazo o un beso, aporta mucho al respeto a la cultura. Una estrategia de mucha ayuda para conocer la cultura es consultar continuamente a alguien que la conoce bien. ¡Se vale preguntar!

4. *Tener cuidado de no predicar o enseñar solamente en español.* Una práctica común en muchas parroquias es tener Misas

Retos y oportunidades pastorales

solamente en español, a pesar del hecho que muchos de los niños y jóvenes presentes hablan entre ellos predominantemente inglés. De manera parecida, a veces se hace la catequesis solamente en español. Entre las razones que se dan por apegarse a esta práctica es que de esta manera los padres de familia podrán ayudar a entrenar a sus hijos en los asuntos de la fe (suponiendo que los padres de familia no han llegado a dominar el inglés). Además, los niños, quienes rápidamente adquieren el inglés, no obstante, pueden mantener su capacidad de usar el español si es lo que escuchan en los ámbitos de la iglesia. El idioma español es, para muchos hispanos, un idioma del corazón porque lo aprendieron en la casa, y el inglés es más de la cabeza porque lo aprendieron o lo perfeccionaron en la escuela.

Sin embargo, permanece el hecho que es típico para la segunda generación identificar más con el país en el que nacieron que con el de sus padres. Por lo tanto, definitivamente hablarán más inglés, el idioma de muchas de sus construcciones mentales. Frecuentemente no entienden muchas de las palabras que se dicen en las Misas en español; en esa situación unas cuantas palabras pronunciadas en inglés aportan mucho a ayudarlos a encontrar un significado en la liturgia. Se puede decir lo mismo para la catequesis, sobre todo en un tiempo cuando ya se encuentran disponibles los libros de texto bilingües. De esta manera también pueden involucrarse los padres de familia. De manera parecida, ¿qué pasa cuando crecen y porque su vocabulario teológico es en español no lo pueden explicar ni encontrar sentido en inglés? De por sí es difícil, cuando el medio es inglés, tratar de responder a las preguntas adultas sobre la fe con las respuestas de la catequesis infantil, pero ¿cómo hacerlo cuando está por medio el español? ¡Qué gran reto! ¿Se sorprende que los mexicoamericanos, así como los demás hispanos frecuentemente buscan fuera de la Iglesia para algún tipo de formación en la fe?

5. *En las culturas mexicanas, así como en la mayoría de las latinas, se da gran importancia a la relacionalidad. ¡No pasar por*

alto este hecho! Se espera a los padrinos de bautismo, por ejemplo, no solo que tengan una relación especial con el niño a quien han apadrinado en el bautismo, sino que estén relacionados con los padres del niño como compadres. Este compadrazgo "usualmente implica un compromiso solemne con la familia como amigo, confidente y asesor—y un compromiso para ser verdaderamente 'otro padre' para el niño recién bautizado"[12]. Otras celebraciones en momentos claves de la vida (a veces conocidas como "ritos de paso") como la madurez, el compromiso e incluso la muerte, acentúan la importancia de pertenecer[13]. Como se mencionó anteriormente, es común que los amigos y familiares ayudan a cubrir algunos de los gastos para estas celebraciones grandes.

La importancia de organizar visitas parroquiales a las casas, por ejemplo, alrededor de la costumbre popular de Adviento de las posadas, no se puede exagerar. Un arreglo en donde diferentes familias se encargan de ofrecer la posada a lo largo del período de nueve días enfatiza este aspecto clave de la relacionalidad. ¡La buena hospitalidad construye las buenas amistades! No tenga miedo de visitar en otros ámbitos también. Frecuentemente los inmigrantes católicos se conmueven por una visita de los representantes de la parroquia ya que otros grupos y confesiones religiosas ya los han visitado y los han invitado a integrarse a sus iglesias. Las visitas a casa recuerdan a los agentes de pastoral que no tienen que estar a cargo de cada encuentro religioso—en dichas visitas, las encuentran a las personas en su propio territorio.

De manera parecida, las invitaciones personales de parte del liderazgo parroquial son necesarias antes de que las personas se vuelvan más activos en los ministerios como catequista de educación religiosa, ministro extraordinario de la sagrada comunión, lector, cantor, agente de justicia social, etcétera. Este toque personal es sumamente más exitoso que los llamados generales desde el ambón o en el boletín dominical. El tiempo tomado para discernir e invitar personalmente a los líderes naturales de la comunidad mexicana a grupos importantes como el consejo parroquial se

Retos y oportunidades pastorales

multiplicará los resultados por cien, siempre y cuando que estas relaciones sean sinceras y sostenidas.

6. *Tener en mente que los mexicanos recién llegados, al igual que otros grupos inmigrantes, necesitan su propio tiempo litúrgico y social juntos.* Para las personas cuya manera de vivir ha cambiado radicalmente en un período de tiempo relativamente corto—esas personas que encuentran que su nuevo tipo de trabajo, ambiente social, idioma y sistema legal es completamente extraño—la oportunidad de dar culto en su propio idioma y con sus símbolos y cantos tradicionales es una verdadera gracia. No obstante, la enajenación que estemos sintiendo, la práctica religiosa debe de proporcionar un lugar en donde nuevamente podemos sentirnos en casa en el universo por medio de nuestros encuentros con Dios y con la comunidad[14]. Anteriormente en la historia de la Iglesia católica en los Estados Unidos, las parroquias étnicas o nacionales proporcionaban dicho refugio bienvenido para los inmigrantes, aunque hoy en día la práctica no es común[15]. En contra de la corriente de la mentalidad actual de que "¡Estamos en América y por eso tienen que asimilarse!", es posible que sea el momento de volver a evaluar este modelo pastoral, el cual, a gran medida, fue muy exitoso en eventualmente ayudar al inmigrante a integrarse en la sociedad y la Iglesia en los Estados Unidos. Estas parroquias, aunque no designadas oficialmente como tal, existen para la comunidad mexicana en los Estados Unidos de América. Sin embargo, dados los números, sus miembros actualmente están viviendo en otros sectores en donde la realidad es más multicultural[16]. ¿Las liturgias bilingües o multiculturales serán la repuesta? No necesariamente. Aunque muchas parroquias han encontrado que esas liturgias ocasionales pueden ser una expresión y estímulo de la unidad entre las diferentes comunidades étnicas y raciales (como en Pentecostés o en la fiesta patronal de la parroquia), por los motivos notados arriba, los grupos inmigrantes necesitan de su propio espacio de manera habitual en donde se nutren litúrgicamente para que cuando se reúnen con la comunidad más amplia, puedan traer sus

propias fuerzas y carismas para el servicio de todos[17]. Una realidad litúrgica de ayuda para tener en mente aquí es la importancia del gesto. Por ejemplo, en las liturgias multiculturales, algunas parroquias incorporan gestos de reverencia no verbales, realizados por representantes de las diferentes comunidades, como es lavar los pies, llevar banderas o estandartes, o la preparación de la pila bautismal o la mesa eucarística—todos realizados para comunicar un sentido de unidad en medio de la diversidad. Estos gestos, así como con el uso de música sagrada sencilla en diferentes idiomas, no requieren de un gran conocimiento de idiomas específicas. Es especialmente en la liturgia que "hablan más fuerte los actos que las palabras".

7. Los niños y jóvenes son un gran recurso para llenar la brecha cultural. Ya que frecuentemente son bilingües, con un pie en cada mundo cultural, se debe llamar de vez en cuando a los jóvenes para servir como lectores, cantores, ministros de hospitalidad, y más. En cierto sentido, los niños son grandes "unificadores" porque rápidamente se hacen amigos, ayudando a crear un ambiente más amistoso en donde los adultos también pueden sentirse a gusto. Por ejemplo, en una fiesta, frecuentemente les da gusto a los padres de familia ver a sus niños juntarse con los otros niños allí presentes, así ayudando a crear un ambiente más caluroso. Las familias inmigrantes con niños al parecer se asimilan de manera más fácil en los patrones de la vida estadounidense. En la misma línea, si la parroquia desea involucrar más a los inmigrantes, sobre todo a las parejas mexicanas jóvenes quienes frecuentemente tienen niños pequeños, es importante o proporcionar actividades en donde toda la familia pueda participar, como son los picnics, o proporcionar el cuidado de niños durante la actividad. Cuando los padres de familia primero llegan al país, es difícil encontrar cuidado de niños o niñeros. Estar consciente, sin embargo, que los inmigrantes más recientes posiblemente prefieren tener sus hijos al lado en lugar de dejarlos con una persona totalmente extraña.

Retos y oportunidades pastorales

8. Poner atención en el ambiente. Los mexicanos vienen de un país en el cual se pone mucha atención en la decoración. Sus antepasados tanto indígenas como españoles hacían gran uso religioso de la arquitectura, el color, la música, la danza y el símbolo. Sobre todo, durante la época barroca, conocida por su exuberancia artística y en la cual se construyeron muchas iglesias coloniales mexicanas, los misioneros utilizaban este tipo de arte para explicar los misterios de la fe. En su evangelización, empleaban el drama, la música y las artes visuales[18]. Esta tradición latinoamericana de la conectividad entre el arte y el culto, a diferencia de una tradición del norte de Europa más protestante e iconoclasta, es uno de los motivos por el cual los mexicanos y otros latinos en los Estados Unidos de América frecuentemente no se sienten en casa en lo que a ellos les parece como un espacio de culto más protestante. Los equipos pastorales, por lo tanto, deberían pensar dos veces antes de desanimar el tipo de decoración intrincada y preparación física que conlleva toda celebración grande, sobre todo la de la Virgen de Guadalupe, la Navidad o la Semana Santa. Estas preparaciones y manifestaciones visuales juegan un papel principal en la catequesis de la comunidad y la identidad grupal, ni hablar de la conexión posterior con la justicia social. Un sacerdote joven en Las Cruces, Nuevo México, por ejemplo, describió la validación y alegría que sentían los hispanos en la parroquia cuando, como parte de la remodelación del espacio de culto, se movió la imagen de la Virgen de Guadalupe del vestíbulo al santuario. Si se le respeta a su madre, se les respeta a ustedes. Este traslado recuerda el ya no obligar a los afroamericanos a sentarse atrás en los camiones.

Una necesidad parecida de poner atención a lo palpable y lo visual, sobre todo en el ámbito de lo religiosamente simbólico, fue notada por María Elena Cardeña, una laica agente de pastoral universitaria en La Verne, California. En su trabajo con universitarios latinos, Cardeña descubrió que los estudiantes respondían con entusiasmo a los símbolos mexicanos como Guadalupe, el águila chicana usada por la Unión de Campesinos, y Emiliano Zapata, el líder de la Revolución Mexicana del principio del siglo XX. Habla de una espiritualidad profunda entre los estudiantes, cuyo camino de fe puede nutrirse con los símbolos bíblicos como la imagen del águila en Isaías o las citas que hablan de la solidaridad que uno tiene con su pueblo. Otros símbolos prominentes, que no necesariamente implican uso dentro de una liturgia eucarística, son la distribución de cenizas y tarjetas sagradas. "En las instalaciones de la universidad, no necesariamente tienes que reunir a las personas para atenderlas en medio de sus días ocupados"[19].

¿Qué obstaculiza el tratar de llegar a una población inmigrante mexicana?

Hay varios factores que hacen que los mexicanos, así como otros hispanos, sienten que no están bienvenidos en la Iglesia católica, y, por lo tanto, más dispuestos a integrarse a otras confesiones cristianas o grupos religiosos. Como reportó el Comité sobre los Asuntos Hispanos de los Obispos de los Estados Unidos en 1999:

> Entre estos factores se encuentran el exceso de tareas y reglas administrativas en las parroquias católicas, las cuales frecuentemente anulan una recepción espontánea, personal y cálida. Por ejemplo, algunos hispanos se quejan de tener que llenar hojas complicadas y producir evidencia de estar registrado, como mostrar sobres de ofertorio, antes de poder recibir los sacramentos. Al contrario, las iglesias evangélicas realizan visitas a casa, ofrecen sermones poderosos que con destreza conecta la Escritura con la vida diaria, y fomentan una noción de la Iglesia como una familia extensa que les proporciona a los hispanos un sentido de pertenecer a la familia de Dios[20].

Las parroquias que toman el tiempo para darles la bienvenida a los recién llegados por medio de visitas a casa generalmente han tenido más éxito en incorporarlos en sus comunidades de fe.

Retos y oportunidades pastorales

¿No existe un punto en el cual debemos dejar de proporcionar atención pastoral especial a los inmigrantes mexicanos para que se asimilen a la cultura estadounidense, así como el resto de los católicos en este país?

Actualmente varios investigadores están cuestionando el valor de promover la asimilación a todo costo a causa del estrés sicológico que conlleva[21]. Aunque este tipo de estrés no es necesariamente negativo, ya que puede ser una fuerza creativa positiva como cuando un individuo domina un idioma nuevo y experimenta mayor aceptación, los hallazgos recientes demuestran que los inmigrantes que se acultran demasiado o demasiado poco están en mayor riesgo de manera sicológica. Al examinar el proceso de la aculturación, un tipo de asimilación que tiene que ver con el proceso de una persona de asumir otra cultura, vemos en las categorías de John W. Berry y Uichol Kim unas agrupaciones realistas, al riesgo de una sobresimplificación, de las varias maneras en las cuales los inmigrantes responden a la cultura nueva. Estas categorías o modos de aculturación, que ellos identifican como *la asimilación, la integración, la separación y la marginación*, se tratan de dos asuntos centrales: (1) "¿Mi identidad cultural es valiosa y debe de mantenerse?" y (2) "¿Las relaciones positivas con la sociedad mayor (dominante) deben de buscarse?"[22].

En el primer modo, *la asimilación*, un inmigrante renuncia su identidad cultural para formar parte de la sociedad dominante más amplia. Un ejemplo de este modo para los mexicoamericanos sería que simplemente empiezan a verse como "americanos" normales, quienes pretenden cortar los lazos lingüísticos y culturales con la cultura nativa. Esta actitud se refleja en lo que un tío mexicoamericano le dijo a su sobrino: "Está bien ser chicano (mexicoamericano) siempre y cuando que no actúes como tal".

Al contrario, el segundo modo, *la integración*, "implica el mantenimiento de la integridad cultural, así como el movimiento para ser parte integral de un marco social más amplio"[23]. Este tipo de estrategia se encarna cuando el bilingüismo y biculturalismo son metas para mantener. La cultura nativa se ve como algo valioso y, por lo tanto, como algo para trasmitir a la siguiente generación. Este modo acoge el modelo del mosaico cultural, la unidad en medio de la diversidad.

El tercero, *la separación*, se marca por una retirada de la sociedad más amplia, impuesta por uno mismo. Algunos de los inmigrantes mexicanos que demuestran este modo son los que se niegan a aprender el inglés y que insisten en que están creando "otro México" aquí en los Estados Unidos de América. Sin embargo, agregan Berry y Kim que a veces, como cuando esta separación se ejerce no solo por el grupo inmigrante sino por la sociedad más amplia, se puede volver racista, como en el caso de la segregación o el apartheid. Algunos mexicoamericanos mayores todavía recuerdan los días cuando había letreros en los restaurantes en el suroeste que decían: "No se permiten a mexicanos".

Finalmente, la cuarta categoría, *la marginación*, "está acompañada por una gran cantidad de confusión y ansiedad individual y colectiva. Se caracteriza por haber perdido rasgos esenciales de la cultura de uno, sin haberlos reemplazado al entrarse en la sociedad más amplia"[24]. Tal vez algunos ejemplos de este modo son los que no hablan bien ni el inglés ni el español, no sienten conectados ni con los Estados Unidos de América ni con México, y, por lo tanto, se ven solamente como víctimas de ambas sociedades. Los autores señalan una precaución: "Esto no es decir que dichos grupos no tienen cultura, sino solo aseverar que esta cultura puede ser desorganizada y tal vez no proporcione apoyo al individual y sus necesidades durante el proceso de la aculturación"[25]. Uno se pregunta si la cultura juvenil de pandillas entre mexicoamericanos, al grado que es destructiva a las personas involucradas, llena esta descripción.

Uno de los hallazgos más sorprendentes de las investigaciones recientes demuestra que los inmigrantes latinos frecuente tienen más esperanza, y, por lo tanto, tienden a experimentar mejor salud mental, que las generaciones posteriores de latinas o latinos

Retos y oportunidades pastorales

nacidos en los Estados Unidos. Mientras que los inmigrantes generalmente tienen menos ingresos y estudios, su grupo de referencia es diferente. "Mientras que los nuevos inmigrantes pueden hacer comparaciones sociales positivas a sus contrapartidas en sus países de origen, los latinos de segunda y posteriores generaciones pueden hacer comparaciones sociales negativas a la sociedad americana de la corriente dominante, a causa de las diferentes maneras que el prejuicio, la discriminación y el estatus menospreciado de minoría étnica limitan sus aspiraciones anteriormente optimistas"[26].

Mientras que los inmigrantes adultos recientes tienen un sentido de sí mismos en términos de identidad y autoimagen, los niños mexicoamericanos y descendientes de la primera generación frecuentemente no lo tienen. Así, de cierta manera, a pesar de las dificultades con el idioma, es más fácil trabajar con los inmigrantes ya que aprovechan lo que se les ofrece. Los agentes de pastoral no-hispanos pueden practicar su español con ellos y realizar obras de misericordia corporales. ¿Ha de sorprenderse que la mayoría del ministerio hispano en los Estados Unidos de América es realmente el ministerio con los inmigrantes recién llegados? Mientras que, de muchas maneras, son los que más necesitan de la ayuda, no se puede hacer caso omiso a los mexicoamericanos más asimilados ya que frecuentemente sufren de una pobreza más antropológica, es decir, una que no les permite amarse y abrazarse a sí mismos como Dios los hizo. Esta autoidentidad y afirmación llena de gracia logrará mucho en ayudarlos a ser "gente de puente" entre las mismas personas que tanto se necesitan las unas de las otras en términos del plan de salvación de Dios en ambas extremidades de la escala económica.

¿Cuáles son algunas ideas equivocadas respecto a los mexicoamericanos?

Una de las principales ideas equivocadas es que no hay diferencia entre ellos y los inmigrantes recién llegados de México. La gente frecuentemente supone que los mexicoamericanos hablan español y si no lo hacen, se les hace sentir inferiores porque no lo hacen. Cuando se les pidió en frente del público a una pareja mexicoamericana decir el Ave María en español en una iglesia en el Medio Oeste, la suposición que ellos hablarían español, ni hablar de que conocerían el rezo, resultó penoso para ellos y sus hijos.

Si los mexicoamericanos acogen ciertos valores culturales de los Estados Unidos, se les dice que están "perdiendo su cultura", como si las culturas no fueran dinámicas y en flujo constante. Es importante tener en mente que los comportamientos culturales, al igual que el idioma, se vuelven parte del repertorio de una persona. Dicho de otra manera, las personas biculturales crecen conociendo cuándo algunos comportamientos culturales son apropiados y cuándo no, dado el contexto cultural. Además, el contacto entre culturas produce culturas más nuevas. No es una cuestión de ser más "A" o "B"; tal vez uno ya se convirtió en "C".

En el área de la pastoral entre los jóvenes mexicoamericanos esta falta de aprecio para la calidad dinámica de la cultura es de preocupación especial a las personas, relativamente pocas, que escriben en este campo. Uno de los aspectos más difíciles de tratar de entender la realidad de estos jóvenes, junto con el diseño y la implementación de programas de ministerio, es el hecho que esta población diversa es un tipo de blanco móvil. Los hispanos americanos de segunda generación crecen en un país diferente que el de sus padres, y el ambiente en el cual crecen es diferente que el ambiente que nutría a sus padres. No se puede pasar por alto la juventud de esta población; de los principales grupos raciales o étnicos en los Estados Unidos los hispanos son los más jóvenes. Aproximadamente la tercera parte, o 17,9 millones, de la población hispana del país es menor de 18 años, y aproximadamente la cuarta parte, o 14,6 millones, de todos los hispanos son de la generación del milenio (de edad de 18 a 33 años en 2014), según un análisis de los datos de la Oficina del Censo de los Estados Unidos de parte del Pew Research Center[27]. Los escritos recientes, algunos de los cuales están basados en la investigación actual con católicos

Retos y oportunidades pastorales

jóvenes, están empezando a responder a esta complejidad y recomendar nuevas estrategias pastorales[28].

¿Cuáles son algunas áreas en donde las diferencias en valores y percepciones culturales pueden ser problemáticas o conflictivas entre los mexicanos, los mexicoamericanos y la sociedad de la corriente dominante de los Estados Unidos?

1. El tiempo. La cultura de la corriente dominante de los Estados Unidos valora la puntualidad mientras que, en general, la cultura latina es más relajada. Es común tener la iglesia casi vacía a la hora de empezar la Misa y que después se llena poco a poco conforme avanza la Misa. Una vez que llegan, sin embargo, los latinos no tienen prisa para irse y puede que las despedidas en el estacionamiento al parecer no tienen fin—¡un comportamiento que no promueve la armonía con los euroamericanos que están llegando a la próxima Misa! "La naturaleza hispana no es seguir el reloj. Para el anglo 'el tiempo es dinero' y el reloj 'corre', pero al hispano 'el tiempo es vida' y el reloj 'camina'. Sin embargo, en el mundo americano de los negocios se dan cuenta de la importancia de seguir el reloj y adaptan sus hábitos para mantener su lugar en la fuerza de trabajo"[29].

2. La familia. Mientras que la cultura de los Estados Unidos frecuentemente define la familia en términos de la familia nuclear que consiste en la madre, el padre y los hijos, los mexicanos, así como en muchas culturas tradicionales, entienden a la familia en términos más extensos, principalmente, la familia nuclear más los abuelos, tíos, primos, sobrinos etcétera. Se les otorga respeto especial a los mayores. Frecuentemente se les dice el honorífico "don" o "doña" antes de decir su nombre. Algunas personas que no están relacionados por sangre o por matrimonio, no obstante, se ven como parte de la familia. Esta idea de familia extensa conlleva una cierta responsabilidad. Es común, por ejemplo, que los tíos ayudan a traer a sus sobrinos a los Estados Unidos. Se les espera que los hermanos y hermanas mayores ayuden a cuidar a sus hermanitos, a veces hasta el punto de ayudarles a terminar la escuela.

Las situaciones que implican otras dificultades financieras o emocionales, como la enfermedad, la edad avanzada, y el desempleo, son ocasiones para depender de la familia para la ayuda. Frecuentemente muchas familias inmigrantes, por ejemplo, viven juntos bajo el mismo techo hasta que puedan establecerse de manera independiente. También se espera esa responsabilidad hacia la familia cuando se toman grandes decisiones como son escoger la pareja para el matrimonio o la vocación o cambiarse de confesión religiosa o religión. A veces, puede ser fuente de grandes tensiones, sobre todo cuando la familia no está de acuerdo con la decisión del individuo. Tal vez este es el caso en donde, para crecer en apertura y compasión, las culturas individuales tienen que estirarse para ser más comunales mientras que las culturas más comunales tienen que poner más atención en el individuo.

Otra fuente de tensión grande es la existencia del machismo. Aunque mucho menos que antes, algunos hombres mexicanos sienten que le toca solamente a la mujer cuidar a los niños y hacer el quehacer del hogar. En términos de la toma de decisiones, ellos se ven como los que "llevan los pantalones" y, por lo tanto, tienen la palabra final. Un número creciente de mujeres que trabajan fuera de la casa y un giro general de la sociedad para dejar las actitudes destructivas que ven a las mujeres como subordinadas están ayudando a las familias a acercarse a la igualdad y mutualidad.

3. La educación. Al contrario de lo que algunos perciben, la educación es un valor importante para los hispanos. No es necesariamente lo mismo que el estudio académico formal. En español, una persona educada implica una persona con buenos modos y respeto para sí mismo y la autoridad. Ya que muchos inmigrantes mexicanos frecuentemente no tienen buenos estudios formales y experimentan cómo la falta de los mismos les impide en su subida de la escalera socioeconómica, tratan de convencerles a sus hijos de su importancia. Esta aspiración, sin embargo, no siempre se traduce en logros académicos. Dicho esto, es muy alentador ver una disminución significativa en las tasas de deserción escolar

Retos y oportunidades pastorales

para los latinos en general. El Pew Research Center reporta que, en la última década, la tasa de deserción escolar de los hispanos bajó de manera dramática. La tasa alcanzó un punto bajo en 2014, disminuyéndose del 32 por ciento en 2000 al 12 por ciento en 2014 entre las personas de edad de 18 a 24 años[30]. Además de los problemas sinnúmero acerca de la falta de capacidad en el idioma inglés, muchos padres de familia hispanos no entienden los detalles de navegar el sistema educativo. No puede subestimarse el valor de los traductores, los maestros bilingües, y un clima de sensibilidad a sus necesidades, por ejemplo, en las situaciones en donde los niños se migran a diferentes partes del país durante todo el año para trabajar en la cosecha. "Para involucrar completamente a las comunidades hispanas en el proceso de aprendizaje, se ha de poner atención especial en ganarse y mantener la confianza"[31]. También se han de animar a los padres de familia a aprovechar las clases de inglés, los colegios comunitarios de estudios superiores, y oportunidades parecidas para continuar sus propios estudios y por eso poner un buen ejemplo para sus hijos. En el área de la educación religiosa es alentador ver que para los primeros años del siglo XXI los hispanos ya constituían más del 25 por ciento de todos los católicos en los programas de formación. Este fenómeno sigue aumentando en las décadas más recientes[32]. Sin embargo, el número de hispanos en los programas formales de título a nivel superior en la teología es muy bajo, principalmente debido a no tener la preparación necesaria para entrar en los mismos.

Respecto al clero, según Ken Johnson-Mondragón, quien encuestó a los participantes del Quinto Encuentro en 2018, el número de sacerdotes hispanos no aumenta al paso con el crecimiento de la comunidad. "Actualmente en los EEUU, hay aproximadamente 2,000 católicos por cada sacerdote; 6,000 católicos hispanos inmigrantes por cada sacerdote hispano inmigrante; y 23,000 católicos hispanos nacidos en EEUU por cada sacerdote hispano nacido en EEUU"[33]. Por lo tanto, hay una petición constante entre estas comunidades latinas para sacerdotes que hablan español.

¿No se encuentra mucha de la solución al problema de la falta de sacerdotes en traer sacerdotes de países latinoamericanos en donde tienen abundancia de vocaciones al sacerdocio?

Aunque algunas diócesis en los Estados Unidos de América todavía dependen de México y América Latina para las vocaciones al sacerdocio, ni hablar de los muchos religiosos y religiosas latinoamericanos que están trabajando en los Estados Unidos de América, esta táctica es más corta de vista que lo que parece. Algunos cuestionan la Iglesia en los Estados Unidos por participar en la fuga de cerebros global que de manera creciente atrae más recursos humanos a los países más ricos. Como resultado, los Estados Unidos de América tiene más sacerdotes a su servicio que la mayoría de los otros países a lo largo del mundo (con la excepción de Europa), sobre todo entre los más pobres[34]. Otros católicos en los Estados Unidos, incluso entre ellos los mexicoamericanos, expresan la preocupación que sus párrocos internacionales no los entienden. Cualquiera que sea el caso, los números demuestran una dependencia creciente en los sacerdotes del extranjero; por lo tanto, los programas de orientación cultural y capacitación en el seminario para los que llegan en edad más temprana son de mucha importancia[35].

PRINCIPIOS PASTORALES PARA DESARROLLAR MÁS EL MINISTERIO HISPANO

A manera de resumen, Alejandro Aguilera-Titus, director asociado para el Secretariado de Asuntos Hispanos de la Conferencia de Obispos Católicos de los Estados Unidos, proporciona algunos principios pastorales esenciales para desarrollar más el ministerio hispano. "Los principios siguen una secuencia de desarrollo que lleva a los católicos hispanos, y otros grupos, de recién

Retos y oportunidades pastorales

llegados a corresponsables de la comunidad de fe. También transforma a las parroquias en comunidades de fe misioneras y evangelizadoras que abrazan a todos los bautizados en su diversidad humana dotada por Dios"[36].

1. Encontrar a la gente en donde están. Los católicos hispanos se regocijan cuando otros católicos los visitan con buenas noticias, les afirman sus dones y los invitan a la comunidad de fe para estar en casa afuera de la casa.
2. Hacer que la gente se sienta en casa. Los hispanos sienten que están bienvenidos cuando tienen el espacio para ser ellos mismos y para fortalecer su propio sentido de la identidad mientras se adaptan a una cultura diferente desde una posición de fuerza.
3. Desarrollar los ministerios y a los ministros. Los hispanos se sienten empoderados cuando el personal y los líderes de la comunidad trabajan con ellos para desarrollar y proporcionar una pastoral hispana comprehensiva que incluye las cuatro dimensiones de la vida cristiana que se modelan en las primeras comunidades cristianas (Hechos 2,42–47) y que están incluidas en *Encuentro & Mission* (es decir, la formación, el aspecto misionero, la comunión en la misión, la liturgia y la vida de oración).
4. Construir relaciones que cruzan las distancias entre las culturas y los ministerios. Los hispanos están dispuestos a compartir sus historias, celebrar juntos y construir relaciones entre los hispanos de diferentes países de origen y con las otras comunidades y ministerios de la parroquia.
5. Ser campeones del desarrollo y la formación del liderazgo. Los líderes hispanos están deseosos de aprender y buscan oportunidades para la formación

continua en la fe y la capacitación para el ministerio, incluyendo programas de certificados y de títulos que son asequibles.
6. Ver y manejar las crisis como oportunidades para el crecimiento. Los hispanos que han desarrollado un sentido de pertenecer a una parroquia buscan maneras más significativas de involucrarse en la vida de la comunidad de fe y de que la parroquia se involucre más en la vida de sus familias y comunidades.
7. Abrir las puertas ampliamente a los procesos de toma de decisiones. Los hispanos desean tener un lugar en la mesa en donde se toman las decisiones sobre la vida y la dirección del ministerio hispano y de la comunidad de fe en general. Esto incluye tener un espacio en el consejo parroquial, el personal de la parroquia y otros grupos de toma de decisiones.
8. Buscar y cosechar la plena responsabilidad y corresponsabilidad. Como discípulos de Cristo, los hispanos buscan aportar el tiempo, el talento y el tesoro para construir una comunidad de fe, culturalmente diversa, que es suya: una comunidad de fe en la cual todas las culturas están siendo transformadas constantemente por los valores del Evangelio para ser levadura para el Reino de Dios en la sociedad.

Capítulo 7

Recursos

¿Cómo puedo aprender más sobre los católicos mexicanos y mexicoamericanos?

ALGUNAS REFERENCIAS GENERALES

Debido a que en las notas aparecen referencias más específicas, el propósito de este capítulo es proporcionar una lista de obras generales, materiales de referencia y recursos para consultas adicionales en las diversas áreas que se describen a continuación y no volver a enumerarlos todos. Como las URL pueden quedar desactualizadas, a veces el lector tendrá que buscar bajo el título.

LIBROS

Historia de México

Meyer, Michael C., William L. Sherman y Susan M. Deeds, *The Course of Mexican History*. Nueva York: Oxford University Press, 2018.

Cosío Villegas, Daniel, editor. *Historia mínima de México*. México: Colegio de México, 1974.

Católicos Mexicoamericanos

Historia de los mexicoamericanos

Dolan, Jay P. y Gilberto M. Hinojosa, editores. *Mexican Americans and the Catholic Church, 1900–1965*. Notre Dame: University of Notre Dame Press, 1994.

González, Manuel G. *Mexicanos: A History of Mexicans in the United States*. Bloomington y Indianapolis: Indiana University Press, 1999.

Matovina, Timothy. *Latino Catholicism: Transformation in America's Largest Church*. Princeton y Oxford: Princeton University Press, 2012.

Romero, Robert Chao. *Brown Church: Five Centuries of Latino/a Social Justice, Theology, and Identity*. Downers Grove, IL: IVP Academic, 2020.

RELIGIÓN Y SOCIOLOGÍA

Espinosa, Gastón, Virgilio Elizondo y Jesse Mirana, editores. *Latino Religions and Civic Activism in the United States*. Nueva York: Oxford University Press, 2005.

Mark T. Mulder, Aida I. Ramos y Gerardo Martí, editores. *Latino Protestants in America: Growing and Diverse*. Lanham: Rowman & Littlefield, 2017.

TEOLOGÍA HISPÁNICA DE LOS ESTADOS UNIDOS

Aquino, María Pilar. *Nuestro clamor por la vida: Teología latinoamericana desde la perspectiva de la mujer*. San José, Costa Rica: Editorial DEI, 1992.

———. *Our Cry for Life: Feminist Theology from Latin America*. Maryknoll, NY: Orbis Books, 1993.

Aquino, María Pilar, Daisy L. Machado y Jeanette Rodríguez, editores. *A Reader in Latina Feminist Theology: Religion and Justice*. Austin: University of Texas Press, 2002.

Bañuelas, Arturo J., editor. *Mestizo Christianity: Theology from the Latino Perspective*. Eugene, Oregon: Wipf & Stock Publishers, 2004.

Elizondo, Virgilio. *Guadalupe. Madre de la Nueva Creación*. España: Verbo Divino, 1999.

———. *El Caminar del Galileo: Promesa México-Americana*. San Antonio: Mexican American Cultural Center, 2002.

———. *Galilean Journey: The Méxican-American Promise*. Revised and Expanded. Maryknoll, NY: Orbis Books, 2005.

Espín, Orlando, editor. *The Wiley Blackwell Companion to Latino/a Theology*. Malden, MA: John Wiley and Sons, Ltd., 2015.

Fernández, Eduardo C. *La Cosecha: Harvesting Contemporary United States Hispanic Theology (1972–1998)*. Collegeville, Minnesota: Michael Glazier Book, Liturgical Press, 2000.

———. *La Cosecha: Teología hispana contemporánea en Estados Unidos (1972–2019)*. Chile: Universidad Alberto Hurtado Ediciones, 2020.

González, Justo L. *Mañana: Christian Theology from a Hispanic Perspective*. Nashville: Abingdon Press, 1990.

Isasi-Díaz, Ada María. *Mujerista Theology. A Theology for the Twenty-First Century*. Maryknoll, NY: Orbis Books, 1996.

LINGÜÍSTICA

Santamaría, Francisco J. *Diccionario de Mejicanismos*. Méjico: Editorial Porrúa, 2005.

SALUD MENTAL

Velásquez, Roberto J., Leticia M. Arellano y Brian W. McNeill, editores. *The Handbook of Chicana/o Psychology and Mental Health*. Mahwah, Nueva Jersey: Lawrence Erlbaum Associates, Publishers, 2004.

RECURSOS PASTORALES GENERALES

Aponte, Edwin David. *¡Santo!: Varieties of Latino/a Spirituality*. Maryknoll, Nueva York, 2012.

Boff, Leonardo. *Los Sacramentos de la Vida y la Vida de Los Sacramentos*. Bogotá: Indio American Press Service, 1989.

———. *Sacraments of Life, Life of the Sacraments*. Portland, Oregon: Pastoral Press, 1987.

Burgaleta, Claudio M. *Manual de los Sacramentos para los Católicos de Hoy*. Liguori, MO: Liguori Press, 2017.

Codina, Victor. *Sacramentos de la Vida*. México: Ediciones Dabar, 1993.

Davis, Kenneth G., OFM, Conv., editor y compilador. *Misa, Mesa y Musa: Liturgy in the U.S. Hispanic Church* (Schiller Park, Illinois: World Library Publications, 1997).

———. y Jorge L. Presmanes, OP, editores. *Preaching and Culture in Latino Congregations*. Chicago: Liturgy Training Publications, 2000.

———. y Leopoldo Pérez, OMI, editores. *Preaching the Teaching: Hispanics, Homiletics, and Catholic Social Justice Doctrine*. Scranton: University of Scranton Press, 2005.

Empereur, James, y Eduardo C. Fernández. *La Vida Sacra: Contemporary Hispanic Sacramental Theology*. Lanham: Rowman and Littlefield, 2006.

Gutiérrez, Gustavo. *Compartir La Palabra: a lo largo del año litúrgico*. (libro electrónico) Lima: CEP, 2019.

———. *Sharing the Word through the Liturgical Year*. Eugene, Oregon: Wipf & Stock, 2000.

Johnson-Mondragón, Ken, editor. *Pathways of Hope and Faith Among Hispanic Teens: Pastoral Reflections and Strategies Inspired by the National Study of Youth and Religion*. Stockton, California: Instituto Fe y Vida, 2007.

———. "Hispanic Youth and the Pastoral Care of the New Generation of Latino Youth" por Lynette de Jesús Saenz y Ken

Recursos

Johnson-Mondragón en *Hispanic Ministry in the 21st Century: Urgent Matters*. Miami: Convivium Press, 2016.

Hoover, Brett C. *The Shared Parish: Latinos, Anglos, and the Future of U.S. Catholicism*. Nueva York: New York University Press, 2014.

———. *Immigration and Faith: Cultural, Biblical, and Theological Narratives*. Nueva York/Mahwah, NJ: Paulist Press, 2021.

Mexican American Cultural Center (MACC). *Quinceañera: Celebración de la Vida, Guía Para Los Que Presiden el Rito Religioso/ Quinceañera: Guidebook for the Presider of the Religious Rite*. San Antonio: Mexican American Cultural Center, 1999.

Ospino, Hosffman, editores. *Hispanic Ministry in the 21st Century: Present and Future/El minsterio hispano en el siglo XXI: presente y futuro*. Miami, FL: Convivium Press, 2010.

———. *Hispanic Ministry in Catholic Parishes: A Summary Report of Findings from the National Study of Catholic Parishes with Hispanic Ministry*. Boston College School of Theology and Ministry, 2014.

———. *Catholic Schools in an Increasingly Hispanic Church: A Summary Report of Findings from the National Survey of Catholic Schools Serving Hispanic Families*. Boston College School of Theology and Ministry, 2016.

———, con Elsie Miranda y Brett Hoover, editores. *Hispanic Ministry in the 21st Century: Urgent Matters/El ministerio hispano en el siglo XXI: asuntos urgentes*. Miami, FL: Convivium Press, 2016.

Pérez-Rodríguez, Arturo, y Mark Francis. *Primero Dios: Hispanic Liturgical Resource*. Chicago: Liturgy Training Publications, 1997.

———, con Miguel Arias. *La Navidad Hispana at Home and at Church*. Chicago: Liturgy Training Publications, 2000.

Saravia, Javier. *Leyendo Los Signos de Los Tiempos: Herramientas de Análisis Social y Cultural*. México: Obra Nacional de la Buena Prensa, A.C., 1999.

———. *La Religiosidad Popular, Extranjera en Su Propia Tierra*. México: Obra Nacional de la Buena Prensa, A.C., 2000.

———. *La Solidaridad con los Migrantes en la Vida y en la Biblia.* México: Obra Nacional de la Buena Prensa, A.C., 2004.
Conferencia de Obispos Católicos de los Estados Unidos (USCCB). *Bendición al cumplir quince años/Order for the Blessing on the Fifteenth Birthday.* USCCB: Washington, DC, 2007.
———. *Best Practices for Shared Parishes: So That They May All Be One.* Inglés y español. Washington, DC: USCCB, 2013.
———. *Building Intercultural Competence for Ministers.* Inglés y español. Washington, DC: USCCB, 2012.

CATEQUESIS, EDITORES Y OTROS RECURSOS

Biblioteca de Pastoral Juvenil, Biblioteca de Pastoral Juvenil – Evangelizando.co

Lente Católico, breves vídeos instructivos, LenteCatolicoTV - YouTube

Ospino, Hoffsman. *Interculturalismo y catequesis: guía del catequista para responder a la diversidad cultural.* New London, CT: Twenty-Third Publications, 2017.

———. *Interculturalism and Catechesis: A Catechist's Guide to Responding to the Cultural Diversity.* New London, CT: Twenty-Third Publications, 2017.

Joe Paprocki: *La Caja de Herramientas del Catequista: Cómo Triunfar en el Ministerio de la Catequesis.* Chicago: Loyola Press, 2007.

———. *The Catechist's Toolbox: How to Thrive as a Religious Education Teacher.* Chicago: Loyola Press, 2007.

Wingclips: fragmentos de películas que ilustran e inspiran [disponible solo en inglés] https://www.wingclips.com/

EDITORIALES CATÓLICAS CON MATERIALES EN ESPAÑOL

Claretian Publications, https://www.claretiansusa.org/publishing/
Especialmente *El Momento Católico* (bilingüe), creeerescrecer.org
Librería San Pablo (online), https://www.libreria.sanpablo.es/

Libros Liguori, http://www.liguori.org/
Liturgical Press, Liturgical Press: Productos en español (litpress.org)
Liturgy Training Publications, http://www.ltp.org/
Loyola Press, https://www.loyolapress.com/
Ministerio Bíblico Verbo Divino, VerboDivino | Biblias y libros religiosos
Oregon Catholic Press (OCP), con mucha música litúrgica, Libros | OCP
Our Sunday Visitor, https://www.orderosv.com/product-category/spanish
Paulist Press, https://www.paulistpress.com/
RCL Benziger Publications, https://www.rclbenziger.com/bilingual-resources
Saint Mary's Press, https://www.smp.org/search/?s=products&q=spanish
Twenty-Third Publications, Twenty-Third Publications (twentythirdpublications.com)
William H. Sadlier, Inc. (Sadlier), https://www.sadlier.com/religion/sacrament-bilingual

ALGUNOS OTROS SITIOS DE INTERNET

Fuentes de información sobre las poblaciones latino-hispanas de los Estados Unidos, la religión y el catolicismo de los Estados Unidos

The Academy of Catholic Hispanic Theologians of the United States (ACHTUS) http://achtus.us
Center for Applied Research in the Apostolate (CARA) de Georgetown University https://cara.georgetown.edu/
Serie documental de PBS sobre latinos en los Estados Unidos de América (6 capítulos de 55 min cada uno) https://www.pbs.org/latino-americans/en/watch-videos/
Pew Research Center
    https://www.pewresearch.org/hispanic/

Oficina del Censo de los Estados Unidos
  https://www.census.gov/newsroom/facts-for-features/2020/hispanic-heritage-month.html
Conferencia de los Obispos Católicos de los Estados Unidos (USCCB)
  https://www.usccb.org
Justicia para Inmigrantes (en español y otras lenguas)
  Justice for Immigrants – United States Conference of Catholic Bishops

Matrimonios

Recursos para la pastoral familiar – Boletín de Por Tu Matrimonio
  https://www.portumatrimonio.org/

Sacerdotes

Asociación Nacional de Sacerdotes Hispanos, ANSH

Formación en pastoral juvenil

Instituto Fe y Vida, Institute for Faith and Life, https://feyvida.org/
La RED, The National Catholic Network de Pastoral Juvenil Hispana https://www.laredpjh.org/

VÍDEOS

Inmigración y migración

Dying to Live: A Migrant's Journey. Groody River Films. Chicago, 2005. DVD de 33 minutos. https://kellogg.nd.edu/ref/dying-live

One Border, One Body: Immigration and the Eucharist. University of Notre Dame, 2008. DVD de 30 minutos. https://kellogg.nd.edu/ref/one-border-one-body

Liturgia y piedad popular

Un Pueblo Sacramental/A Sacramental People. Liturgy Training Publications (LTP). Chicago, 1999. Presentaciones en vídeo

de 15 minutos diseñadas para acompañar a Primero Dios de Francis y Pérez-Rodríguez (véase más arriba). Incluye seis segmentos de 15 minutos, disponibles en español o inglés: 1) Introducción, 2) Primera Comunión, 3) Presentación del Niño, 4) Quince Años, 5) Boda y 6) Luto por los Muertos.
> https://www.ltp.org/products/details/SSAC2/un-pueblo-sacramental-video-2-presentacion-del-nino-ynquince-anos#/!

¡Fiesta! Celebrations at San Fernando por Thomas A. Kane. 49 minutos. Paulist Press, 1998.
> https://www.youtube.com/watch?v=Snjc-BA3TBU

A History of the Mass (Bilingual) / Una historia de la Misa. 40 minutos. Chicago: LTP, 2007.
> History of the Mass Bilingual / Una historia de la Misa - Liturgy Training Publications (ltp.org)

Nuestra Señora de Guadalupe

Juan Diego: Mensajero de Guadalupe. Animación, en español. 30 minutos.
> https://video.search.yahoo.com/search/video?fr=mcafee&ei=UTF-8&p=Juan+Diego%3A+Mensajero+de+Guadalupe+video%2C+orbis&type=E211US105G91595#id=2&vid=6d5872da3597ed54a5eb241d64e8dc52&action=click

OBRAS DE REFERENCIA GENERAL

Davis, Kenneth G., Eduardo C. Fernández y Verónica Méndez, editores. *United States Hispanic Catholics Trends and Works, 1990–2000*. Scranton: The University of Scranton Press, 2002.

Hispanic American Religious Cultures. Miguel a. de la Torre, editor. 2 tomos. Santa Barbara, CA: ABC–CLIO. 2009.

Notas

PREFACIO

1. Eduardo Porter y Elisabeth Malkin, "Way North of the Border", *The New York Times*, 30 de septiembre de 2005.
2. Eduardo C. Fernández, *Mexican American Catholics* (Nueva York/Mahwah, NJ: Paulist Press, 2007).
3. La mayoría de los proverbios empleados al inicio de los capítulos se tomaron de *Refranes: Southwestern Spanish Proverbs* (Santa Fe: Museum of New Mexico Press, 1985), recopilados y traducidos por Rubén Cobos.
4. *Refranes: Southwestern Spanish Proverbs*, p. vii.
5. Siguiendo la corriente de la necesidad de mayor inclusividad respecto a la diversidad de las poblaciones latinoamericanas, Hanna Kang, coreana-argentina, ha escrito una disertación excelente con el título "Latinx with an Asian Face: A Theological Reflection on Asian Latinx Mestizaje [Latinx con cara asiática: Una reflexión teológica sobre el mestizaje asiático-latinx]", Graduate Theological Union, primavera de 2022.
6. Un término reciente que se ha puesto de moda, sobre todo en los círculos académicos a causa de su inclusividad de género, es "latinx". Sin embargo, hay que tener cuidado al usarlo ya que a muchos no les agrada. Véase Views on Latinx as a term for U.S. Hispanics | Pew Research Center, por Luis Noe-Bustamante, Lauren Mora y Mark Hugo Lopez (visto el 29 de marzo de 2022).

CAPÍTULO 1

1. Ignacio Bernal, "El mundo olmeca", en *Historia mínima de México*, editado por Daniel Cosío Villegas (México: Colegio de México, 1974), 17.

2. Bernal Díaz del Castillo citado en Ignacio Bernal, "El fin del mundo indígena", en *Historia mínima de México*, editado por Daniel Cosío Villegas (México: Colegio de México, 1974), 34.

3. Para una perspectiva estudiosa de uno de los grandes profetas en la época de la conquista española y evangelización temprana, véase Gustavo Gutiérrez, *En busca de los pobres de Jesucristo: el pensamiento de Bartolomé de las Casas* (Lima: CEP, 1992).

4. Manuel G. Gonzáles, *Mexicanos: A History of Mexicans in the United States* (Bloomington y Indianapolis: Indiana University Press, 1999), 25.

5. Se ha debatido intensamente la historicidad de las apariciones al indígena (ahora San) Juan Diego, sobre todo en tiempos recientes alrededor de su beatificación y canonización. En el capítulo 4 proporciono algunas referencias para los que quieren investigar el tema más ampliamente.

6. Sobre el tema de la evangelización temprana de México, recomiendo enfáticamente la obra clásica de Robert Ricard, *La conquista espiritual de México: ensayo sobre el apostolado y los métodos misioneros de las órdenes mendicantes en la Nueva España de 1523-24 a 1572* (México: Editorial Jus, Editorial Polis, 1947).

7. Al decir aquí la "inculturación" quiero decir la adaptación del mensaje divino a la realidad del pueblo o, como he escuchado a Rosa María Icaza, CCVI, describirla, "predicar el evangelio de una manera que la gente pueda entender". Me quedo endeudado al Fray Gonzalo Balderas, OP, por ayudarme a distinguir las varias estrategias misionológicas las cuales se resumen en esta sección.

8. Para un trabajo estudioso, hermosamente ilustrado, sobre la relación entre la liturgia y la arquitectura en la evangelización temprana de México, véase Jaime Lara, *City, Temple, Stage:*

Notas

Eschatological Architecture and Liturgical Theatrics in New Spain (Notre Dame, IN: University of Notre Dame Press, 2004).

9. Alejandra Moreno Toscano, "La conquista espiritual", en *Historia mínima de México*, editado por Daniel Cosío Villegas (México: Colegio de México, 1974), 60–61.

10. Luis González, "El Siglo de las Luces", en *Historia mínima de México*, editado por Daniel Cosío Villegas (México: Colegio de México, 1974), 79.

11. González, "El Siglo de las Luces", 79.

12. Durante el siglo XIX, el catolicismo bajo el papa Pio IX atravesó una etapa reaccionaria, caracterizada por negarse a aceptar las ideas modernas de la libertad de la religión, la libertad de la prensa y la importancia de la separación entre la Iglesia y el estado. Véase E. Fernández, *La Cosecha: Teología hispana contemporánea en los Estados Unidos (1972-2019)* (Santiago de Chile: Uah/Ediciones, Universidad Alberto Hurtado, 2020), 214.

CAPÍTULO 2

1. La canción popular por Alberto Cortéz lleva el mismo nombre que el dicho citado.

2. La película de 1997, distribuido por el estudio de Warner Brothers, fue escrita y dirigida por Gregory Nava y producida por Moctezuma Esparza. Me quedo endeudado al Fray Ponchie Vasquez, OFM, tanto por la sugerencia como por la transcripción de esta escena.

3. Aunque la mayoría de los hispanos viven en el oeste o el sur del país, los reportes recientes de la Oficina del Censo de los Estados Unidos muestran que en algunos condados en estados no tradicionalmente hispanos, como son Dakota del Norte y Dakota del Sur, han visto el crecimiento más rápido en sus poblaciones hispanas desde el 2010. El número de hispanos en Dakota del Norte se duplicó (+148 por ciento) del 2010 al 2020, mientras que en Dakota del Sur subió por un 75 por ciento. Reportado en "Key facts about U.S. Latinos for Hispanic Heritage Month", Pew

Research Center. https://www.pewresearch.org/fact-tank/2021/09/09/key-facts-about-u-s-latinos-for-national-hispanic-heritage-month/.

4. Mucho de este capítulo es una actualización e reenfoque del capítulo 1, "Hispanics in the American Catholic Church and Culture", en mi libro, *La Cosecha: Harvesting Contemporary United States Hispanic Theology (1972–1998)* (Collegeville, MN: Liturgical Press, 2000). La última versión apareció en 2020 como *La Cosecha: Teología hispana contemporánea en Estados Unidos (1972–2019)* (Chile: Universidad Alberto Hurtado Ediciones, 2020).

5. Manuel G. González, *Mexicanos: A History of Mexicans in the United States* (Bloomington e Indianapolis: Indiana University Press, 1999). Sus primeros tres capítulos abarcan los períodos antes de 1848.

6. Para la descripción hecha por testigos oculares de la vida en las misiones del siglo XVI en el Nuevo México colonial, véase un extracto tomado de los escritos de Fray Alonso de Benavides en *Cross and Sword: An Eyewitness History of Christianity and Latin America*, editado por H. McKennie Goodpasture (Maryknoll, NY: Orbis Books, 1989), 57–58. Para una exposición más sistemática del mismo tema durante ese siglo y los siguientes, especialmente en asuntos de arte, folclor y la función de la religión en la vida diaria, véase Luciano C. Hendren, "Daily Life on the Frontier", en *Fronteras: A History of the Latin American Church in the USA Since 1413*, editado por Moisés Sandoval (San Antonio, TX: MACC, 1983), 103–39. *On the Rim of Christendom: A Biography of Eusebio Francisco Kino, Pacific Coast Pioneer* por Herbert Eugene Bolton (Nueva York: Macmillan Company, 1936), es un recuento conmovedor del trabajo del famoso y hasta la fecha muy amado misionero jesuita, Eusebio Francisco Kino. Para una colección extensa de documentos originales anotados respecto a la historia de los hispanos católicos, véase *¡Presente!: U.S. Latino Catholics from Colonial Origins to the Present*, editado por Timothy Matovina y Gerald E. Poyo (Maryknoll, NY: Orbis Books, 2000).

Notas

7. Emitido por la Conferencia Nacional de Obispos Católicos en 1987 (Washington, DC: USCCB), 1987.

8. Emitido por la Conferencia Nacional de Obispos Católicos en 1987, 4.

9. Véase R. Acuña, *Occupied America: A History of Chicanos* (Nueva York: HarperCollins Publishers, 1988).

10. Manuel Espinoza, *Crusaders of the Río Grande* (Chicago, IL: Institute of Jesuit History, 1942), 365.

11. Acuña, *Occupied America*.

12. Afirmación hecha en una conferencia organizada por los jesuitas en Mobile, Alabama, en junio de 1992.

13. M. Sandoval, *On the Move: A History of the Hispanic Church in the United States* (Maryknoll, NY: Orbis Books, 1990), 30.

14. En *Prophets Denied Honor: An Anthology on the Hispanic American Church in the United States*, editado por A. M. Stevens-Arroyo (Maryknoll, NY: Orbis Books, 1980), 79.

15. Ed. Stevens-Arroyo, *Prophets Denied Honor*, 79.

16. Ed. Stevens-Arroyo, *Prophets Denied Honor*, 31. Véase Lynn Bridgers, *Death's Deceiver: The Life of Joseph P. Machebeuf* (Albuquerque: University of New Mexico Press, 1997).

17. Entre los más importantes de estos líderes estaba el famoso "cura de Taos", el padre A. J. Martínez, un sacerdote de Nuevo México activo en la educación, en el campo editorial y en la política. Sus dificultades con el arzobispo Lamy constituyen el tema de muchos escritos. Véase *Reluctant Dawn: Historia del Padre A. J. Martínez, Cura de Taos* (San Antonio: Mexican American Cultural Center, 1976), por Juan Romero con Moisés Sandoval. También véase Ray John De Aragon, *Padre Martínez and Bishop Lamy* (Las Vegas, NM: The Pan-American Publishing Company, 1978). El renombre del arzobispo Lamy se ha propagado con la publicación de *Death Comes for the Archbishop* (Nueva York: Vintage Books, 1971), una novela de Willa Cather basada en su vida, y *Lamy of Santa Fe, His Life and Times* (Nueva York: Farrar, Straus and Giroux, 1975), de Paul Horgan.

18. Juan Romero, con Sandoval, *Reluctant Dawn*, 40.

19. Juan Romero, con Sandoval, *Reluctant Dawn*, 40. Un buen ejemplo de estas tradiciones folclóricas nativas es el movimiento Penitente, una cofradía laica cuyos orígenes y prácticas se trazan hasta las sociedades penitenciales de la España medieval. El movimiento ha sido muy polémico a lo largo de las décadas. Véase C. G. Romero, *Hispanic Devotional Piety: Tracing the Biblical Roots* (Maryknoll, NY: Orbis Books, 1991), además de Mary Elizabeth y Leon J. Podles, "Saint Makers in the Desert" en *America*, 7 de noviembre de 1992. Alberto López Pulido ha tomado de entrevistas orales para contar su historia, un testimonio al poder de la penitencia a través de la caridad, la oración y el buen ejemplo. Véase su libro *The Sacred World of the Penitentes* (Washington, DC: Smithsonian Institutional Press, 2000).

20. Véase M. García, *Desert Immigrants: The Mexicans of El Paso, 1880–1920* (New Haven: Yale University Press, 1981) y Acuña, *Occupied America*. Manuel González señala que "unos ocho mil refugiados, por ejemplo, cruzaron la frontera de Piedras Negras, Coahuila a Eagle Pass, Texas, en un solo día de octubre 1913; y en una semana en junio 1916, casi cinco mil mexicanos llegaron a El Paso. Sin embargo los números aumentaron de manera dramática una vez que disminuyera la violencia". González, *Mexicanos*, 118–19.

21. T. Bokenkotter, *A Concise History of the Catholic Church* (Nueva York: Doubleday, 1979), 378.

22. Bokenkotter, *A Concise History of the Catholic Church*, 379.

23. Bokenkotter, *A Concise History of the Catholic Church*, 378.

24. Bokenkotter, *A Concise History of the Catholic Church*, 383.

25. Bokenkotter, *A Concise History of the Catholic Church*, 383.

26. Bokenkotter, *A Concise History of the Catholic Church*, 396.

27. González, *Mexicanos*, 135–38.

28. González cita una cifra poco conocida descubierta por estudioso de la inmigración Walter Nugent, principalmente, que "unos 40 por ciento de los europeos que migraron a Argentina, Brasil, Canadá y los Estados Unidos en los cincuenta años antes de

la primera guerra mundial eventualmente se repatriaron" (González, *Mexicanos*, 135).

29. González, *Mexicanos*, 136.
30. González, *Mexicanos*, 137.
31. González, *Mexicanos*, 137.
32. Varios autores proporcionaron buenas fuentes históricas para documentar esta época. Entre ellos están dos trabajos anteriormente citados, de M. T. García y R. Acuña. En su obra *El Paso: A Borderlands History* (El Paso: Texas Western Press, 1990), W. H. Timmons describe uno de estos programas principales para trabajadores invitados, el programa de los Braceros, creado por Estados Unidos en 1942 (242).
33. *Puerto Ricans in the Continental United States: An Uncertain Future*, un informe de la Comisión de Derechos Civiles de los Estados Unidos, octubre de 1976, 18. Véase el análisis de parte de A. M. Stevens-Arroyo de la migración puertorriqueña a tierra firme durante este siglo en "Puerto Rican Migration to the United States", en *Fronteras*, editado por Moisés Sandoval, 269–76, así como para una perspectiva desde tierra firme, A. M. Díaz-Stevens, *Oxcart Catholicism on Fifth Avenue: The Impact of the Puerto Rican Migration upon the Catholic Archdiocese of New York* (Notre Dame, IN: University of Notre Dame Press, 1993). Véase también *Recognizing the Latino Resurgence in U. S. Religion: The Emmaus Paradigm* por Ana María Díaz-Stevens y Anthony M. Stevens-Arroyo (Boulder, CO: Westview Press, 1998), para una explicación detallada de los latinos en la Iglesia y en la sociedad, contada por dos personas quienes han participado intensamente en las luchas por la justicia de las últimas décadas.
34. Datos del Censo de los Estados Unidos, Encuesta Comunitaria de 2005 .
35. Véase https://www.census.gov/quickfacts/fact/table/miamidadecountyflorida,US/RHI725219#RHI725219. El mismo Censo de 2020 señala que en tres estados se vio crecer la población hispana por más de 1 millón de habitantes del 2010 al 2020. "Tomados

juntos, Texas (+2.0 millones), California (+1.6 millones) y Florida (+1.5 millones) constituyeron el 43 por ciento del crecimiento de la población hispana en el país en la última década. En siguiente lugar son los aumentos en Nueva York (+531,000) y Nueva Jersey (+447,000). Todos los 50 estados y el Distrito de Columbia han visto crecimiento en sus poblaciones hispanas desde el 2010". De acuerdo a lo reportado en "Key facts about U.S. Latinos for Hispanic Heritage Month", Pew Research Center. https://www.pewresearch.org/fact-tank/2021/09/09/key-facts-about-u-s-latinos-for-national-hispanic-heritage-month/.

36. Para un bosquejo histórico conciso de los latinos en la Iglesia en los Estados Unidos, véase Jaime Vidal, "Hispanic Catholics in America", en *The Encyclopedia of American Catholic History*, editado por Michael Glazier y Thomas J. Shelley (Collegeville, MN: Liturgical Press, 1998), 635–42.

37. La Encuesta sobre la Población Actual de los Estados Unidos se realiza cada 10 años, habiéndose realizado más recientemente en el 2020. Sin embargo, la Oficina del Censo de los Estados Unidos también realiza encuestas anuales, las cuales iluminan mucho las tendencias demográficas en el transcurso de cada década.

38. De acuerdo a lo reportado en "Key facts about U.S. Latinos for Hispanic Heritage Month", Pew Research Center. https://www.pewresearch.org/fact-tank/2021/09/09/key-facts-about-u-s-latinos-for-national-hispanic-heritage-month/.

39. La información que aparece aquí fue tomada de los reportes de la Oficina del Censo de los Estados Unidos del 2016 y 2017, citados en "For the Church and U.S. Society, a Latino Future" por Antonio de Loera-Brust en la revista *America*, 16 de abril de 2018, no. 218, 12–14. El mismo artículo cita los resultados del estudio del Pew Research Center en el 2014, "The Shifting Religious Identity of Latinos in the United States". Sobre la cuestión de fluidez en el inglés, Pew Research señala que "La proporción los latinos en EEUU que habla inglés con fluidez está aumentando. En 2019, el

72 por ciento de los latinos de edad de 5 años en adelante hablaban el inglés con competencia, un aumento del 59 por ciento en 2000. Este crecimiento está impulsado por los latinos nacidos en Estados Unidos, ya que su proporción en esta medida ha aumentado del 81 por ciento al 91 por ciento durante este período. Para los latinos, la fluidez en inglés ha aumentado y el uso del español en la casa ha disminuido, sobre todo entre los nacidos en Estados Unidos". Fuente: "Facts about U.S. Latinos for Hispanic Heritage Month", Pew Research Center, 2021.

40. En la última edición de mi libro, *La Cosecha: Teología hispana contemporánea en Estados Unidos (1972–2019)* (Chile: Universidad Alberto Hurtado Ediciones, 2020), página 324, hago esta conclusión, basándome en el estudio de Pew Research Center, 2017, "Facts on U.S. Latinos, 2015: Statistical Portrait of Hispanics in the United States" por Antonio Flores, Gustavo López y Jynnah Radford. Véase http://www.pewhispanic.org/2017/09/18/facts-on-u-s-latinos-trend-data/.

41. E. Rodríguez, "Realities for Hispanics" *Company* 6 (1988): 9.

42. E. Rodríguez, "Realities for Hispanics" *Company* 6 (1988): 9.

43. J. G. Fernández, basándose en el trabajo de J. Moore y R. Pinderhughes (*In the Barrios*), resume la historia de este término: "Entre los científicos sociales y otros estudiosos todavía no existe ningún consenso acerca del término 'clase marginada' (*underclass*). Durante los 1960, los analistas urbanos comenzaron a hablar de una nueva dimensión de la crisis urbana en forma de una extensa subpoblación de familias de bajos ingresos e individuos cuyo comportamiento fue diferente al de la población general. En los últimos años de la década de los 70 y en los primeros de los de la 80, la clase marginada se consideraba un grupo urbano con las tendencias a actos criminales, dependencia en la beneficencia gubernamental, enfermedades mentales, alcoholismo y drogadicción, e incluía a los más pobres de los pobres". J. G. Fernández,

"Latina Garment Workers in El Paso, Texas Challenging the Urban Underclass Model" (manuscrito inédito, tesis de Maestría de Arte, Universidad de Texas en El Paso, 1995), 1. Véase J. Moore y R. Pinderhughes, *In the Barrios* (Nueva York: Russell Sage Foundation, 1993); O. Lewis, *The Children of Sanchez: Autobiography of a Mexican Family* (Nueva York: Vintage Books, 1961); N. Lehmann, "The Origins of the Underclass", *Atlantic Monthly* (junio de 1986): 31–55 (julio de 1986): 54–68; y L. M. Mead, "The New Politics of the New Poverty", *The Public Interest* 103 (1991): 3–21. Le agradezco a Juanita García Fernández este análisis del modelo de la clase marginada como se aplica a los latinos en los Estados Unidos.

44. Véase D. E. Hayes-Bautista, A. Hurtado, R. Burciaga Valedez y A. C. R. Hernández, *No Longer a Minority: Latinos and Social Policy in California* (Los Ángeles: UCLA Chicano Studies Research Center, 1992), xi. Un libro complementario, de los mismos autores y el mismo editorial, es *Redefining California: Latino Social Engagement in a Multicultural Society* (Los Ángeles: UCLA Chicano Studies Research Center, 1992). Mientras que sus hallazgos se limitan a los latinos en California, los cuestionamientos que ellos han planteado son muy significativos para estudiar a los latinos en otras áreas del país. Un libro más reciente de Hayes-Bautista, en el cual sigue desmintiendo el modelo de la clase marginada urbana como se aplica a los latinos en California, es *La Nueva California: Latinos in the Golden State* (Berkeley: University of California Press, 2004).

45. Véase González, *Mexicanos*, 237–38.
46. Fernández, "Latina Garment Workers", vi.
47. Fernández, "Latina Garment Workers", vi.
48. Fernández, "Latina Garment Workers", 89.
49. Su estudio se llama *The Hispanic Catholic in the United States: A Socio-Cultural and Religious Profile* y fue publicado por la Northeast Catholic Pastoral Center for Hispanics, Nueva York, 1985. Para un resumen de sus hallazgos, véase sobre todo xi–xiii.

50. *The Hispanic Catholic in the United States*, véase sobre todo xi–xiii.

51. Hosffman Ospino, *Hispanic Ministry in Catholic Parishes: A Summary Report of Findings from the National Study of Catholic Parishes with Hispanic Ministry* (Boston College School of Theology and Ministry, 2014), 8.

52. M. Sandoval, *On the Move*.

53. M. Sandoval, "El Campesino hispano y las iglesias en los Estados Unidos", *Cristianismo y Sociedad* 96 (1988). Véase también "The Mexican Catholic Community in California" por Jeffrey M. Burns en *Mexican Americans and the Catholic Church, 1900–1965*, editado por Jay P. Dolan y Gilberto M. Hinojosa (Notre Dame, IN: University of Notre Dame Press, 1994), 222–33. Este capítulo detalla el impacto en la Iglesia católica en los Estados Unidos de tanto el movimiento del Cursillo como de la Unión de Campesinos, señalando que César Chávez, su fundador, fue cursillista.

54. En un discurso dirigido a la Western Vocation Directors Association Convention en 1973, Roger B. Luna, S.D.B., basándose en una encuesta de sacerdotes mexicoamericanos, ofreció las cuatro razones siguientes que surgieron de su investigación: "(1) La tradición española de no crear un clero nativo; (2) la discriminación abierta contra los mexicoamericanos por parte de los curas; (3) que por parte de la Iglesia se les da por sentado a los mexicanos sin hacer ningún esfuerzo especial para que mantengan su afiliación católica; y (4) la falta de educación, especialmente de nivel superior, entre los jóvenes mexicanos" (el texto fue incluido en *Prophets*, "Why So Few Mexican-American Priests?" 160–63).

55. H. Ospino, *Hispanic Ministry in Catholic Parishes*, 21.

56. Y. Tarango, "The Church Struggling to Be Universal: A Mexican American Perspective", *International Review of Mission* 78 (abril de 1989): 167–73.

57. En una reseña de este libro para *Theological Studies*, señalo: "Como teólogo de la pastoral católico romano quien ha estado estudiando los cristianos y la teología latinos durante un

buen tiempo, me llevo varios puntos importantes de este libro. Primero, la deserción de la Iglesia católica de parte de los latinos no es de poco significado. Los investigadores pronostican que para el 2030 la mitad de los latinos en los Estados Unidos serán protestantes. Este crecimiento en números también conlleva una creciente presencia religiosa, económica y cívica, una que ya han notado los educadores religiosos, los negocios, los medios de comunicación y los políticos. Segundo, este crecimiento no da ninguna señal de disminuirse, siendo los factores relevantes: un aumento en las proyecciones demográficas latinas en general, de los cuales un número significativo ahora nacieron en los Estados Unidos y son un sector más abierto a volverse protestantes; la llegada de un número grande de centroamericanos de lugares que actualmente son cada vez más protestantes; y la atracción de líderes y clero más local, a diferencia de muchas parroquias católicas que son atendidas por sacerdotes de etnia euroamericano, o, actualmente, sacerdotes internacionales; así como una estructura de autoridad protestante que es menos jerárquica y más descentralizada, permitiendo una participación más plena de los laicos, y frecuentemente, en el caso de algunos, de las mujeres en el clero. Un estudio citado de Chicago concluyó que, "debido a una política eclesial más jerárquica, los católicos aprenden comparativamente menos destrezas cívicas en sus parroquias" (106). En *Theological Studies* 81, no. 1 (2020): 245.

    Aunque este trabajo más reciente no carece de méritos, también es importante notar la complejidad del tema, por ejemplo, el papel que juega la involucración social. En una época con insatisfacción creciente con la religión institucional, se sorprende un poco que la Iglesia católica en los Estados Unidos en las décadas recientes todavía ha podido mantener algún tipo de presencia entre este sector de la población. En la opinión de algunos, esta retención se debe en parte al trabajo creativo de un número creciente de sacerdotes latinos liberacionistas y activistas, los programas juveniles católicas, los programas sociales que responden a las necesidades de los pobres y los inmigrantes, el aumento de participación laica, y el aumento en Misiones Carismáticas y otros movimientos carismáticos católicos". "Hispanic Churches in American Public Life: Summary of Findings" por Gastón Espinosa, Virgilio Elizondo y Jesse Miranda, publicado en Interim Reports, Center for the Study of Latino Religions, University of Notre Dame (enero de 2003), 14. Espinosa fue el director de investigación del proyecto, una encuesta de tres años, con patrocinio ecuménico, de casi tres mil hispanos a lo largo del país para discernir la influencia de la religión en sus vidas personales y públicas. El proyecto HCAPL, como llegó a denominarse, fue financiado por The Pew Charitable Trusts.

58. J. L. González, *Mañana: Christian Theology from a Hispanic Perspective* (Nashville: Abingdon Press, 1990), 71–72.

59. A. F. Deck, "Fundamentalism and the Hispanic Catholic", *America* (26 de enero de 1985), 64–66.

60. En una línea más positiva, la Iglesia católica en los Estados Unidos en varios momentos de la historia ha tomado un papel fuerte de defensa y apoyo. Entre estos campeones está el que fue arzobispo de San Antonio de 1941 a 1969. Véase Stephen A. Privett, SJ, *The U.S. Catholic Church and Its Hispanic Members: The Pastoral Vision of Archbishop Robert E. Lucey* (San Antonio: Trinity University Press, 1988).

61. Rodríguez, "Realities for Hispanics", 9. Véase también su artículo, "The Hispanic Community and Church Movements: Schools of Leadership", en *Hispanic Catholic Culture in the U.S.: Issues and Concerns*, editado por J. P. Dolan y A. Figueroa Deck, SJ (Notre Dame, IN: University of Notre Dame Press, 1994), 206–39.

62. Véase *Prophetic Vision: Pastoral Reflections on the National Plan for Hispanic Ministry*, editado por Soledad Galeron, Rosa María Icaza y Rosendo Urrabazo (Kansas City: Sheed & Ward en cooperación con el personal de The Mexican American Cultural Center en San Antonio, Texas, 1992). El trabajo es una colección de ensayos escritos por teólogos principales de la pastoral.

63. Para una descripción de los encuentros y una caracterización de su espíritu, véase González, *Mañana*, 65. Para un aprecio de su aporte global, véase Kenneth G. Davis, "Encuentros, National Pastoral", en *New Catholic Encyclopedia*, tomo 19 (Washington, DC: The Catholic University of America, Supplement 1989-95), 117-19. El encuentro titulado "The National Celebration of Jubilee 2000, Encuentro 2000: Many Faces in God's House", se llevó a cabo en Los Ángeles, California, del 6-9 julio de 2000. A diferencia de los otros encuentros, cuyo enfoque fue más adentro de la Iglesia hispana estadounidense, este fue ofrecido por la comunidad hispana como una manera de trabajar hacia una mayor unidad entre los diferentes grupos que constituyen la Iglesia. Como resultado del Encuentro 2000, los obispos de los Estados Unidos publicaron un agregado al plan pastoral de 1987. El agregado se llama "Encuentro and Mission: A Renewed Pastoral Framework for Hispanic Ministry". Este documento se basa en y se extiende del plan de 1987 y se puede encontrar en http://www.usccb.org/hispanicaffairs/encuentromission.shtml.

Es importante notar, como señalo en mi versión actualizada en español de *La Cosecha* (2020), página 351, que los cuatro encuentros anteriores celebrados en 1972, 1977, 1985 y 2000 han ayudado a preparar el camino al que tuvo lugar en septiembre de 2018. Estas reuniones de las diversas comunidades latinas católicas han ayudado a crear una conciencia nacional y también planes pastorales. Muchos se preguntan qué ocurrirá después de ésta celebrada en Grapevine, Texas, cuya asistencia registró más de 2,600 personas, de las cuales aproximadamente el 30 por ciento eran de segunda y tercera generación, y el 70 por ciento eran inmigrantes.

64. USCCB, "National Pastoral Plan for Hispanic Ministry" *Origins* 26 (10 de diciembre de 1989): 5.

65. K. G. Davis, "Father, We're Not in Kansas Anymore", *The Priest*, julio de 1990, 16.

66. A. F. Deck, "As I See It", *Company* 6 (otoño de 1988): 28.

67. Rosa María Icaza, "Spirituality of the Mexican American People", *Worship* 63 (mayo de 1989): 232. Para un breve bosquejo histórico del poder transformativo de la religión popular en el suroeste, véase Alberto L. Pulido, "Mexican American Catholicism in the Southwest: The Transformation of a Popular Religion", en *Perspectives in Mexican American Studies*, tomo 4 (Tucson: Mexican American Studies and Research Center, University of Arizona, Tucson, 1993), 93–108.

68. Rosa María Icaza, "Spirituality of the Mexican American People", *Worship* 63 (mayo de 1989): 232.

69. *The Hispanic Presence: Challenge and Commitment* (Washington, DC: U.S. Conference of Catholic Bishops, 1984), #6.

70. Véase V. P. Elizondo, *The Future is Mestizo: Life Where Cultures Meet* (Nueva York: Meyer-Stone, 1988); A. F. Deck, *The Second Wave: Hispanic Ministry and the Evangelization of Cultures* (Nueva York: Paulist Press, 1989); M. P. Aquino, *Our Cry for Life: Feminist Theology from Latin America* (Nueva York: Orbis Books, 1993).

71. USCCB, *The Hispanic Presence*, #11.

72. Véase J. P. Fitzpatrick, SJ, "The Hispanic Poor in the American Catholic Middle-Class Church", *Thought* 63 (junio de 1988): 189–200.

CAPÍTULO 3

1. Véase Sandra M. Schneiders, IHM, "Religion and Spirituality: Strangers, Rivals or Partners?" (conferencia abierta al público, Universidad de Santa Clara, 6 de febrero de 2000).

2. Véase mi artículo "Hispanic Spirituality", en *The New Westminster Dictionary of Christian Spirituality*, editado por Philip Sheldrake (Louisville: Westminster John Knox Press, 2005), 338–41. Mucho de esta sección es una ampliación de algunas de esas ideas, sobre todo respecto a su expresión en México.

3. Véase Ellen McCracken, *New Latina Narrative: The Feminine Space of Postmodern Ethnicity* (Tucson: University of Arizona Press, 1999).

4. De un correo personal enviado al autor con fecha 3 de noviembre de 2003.

5. Véase "Ignored Virgin or Unaware Women: A Mexican-American Protestant Reflection on the Virgin of Guadalupe" by Nora O. Lozano-Díaz, in *A Reader in Latina Feminist Theology: Religion and Justice*, editado por María Pilar Aquino, Daisy L. Machado y Jeanette Rodríguez (Austin: University of Texas Press, 2002), 204–16.

6. Consejo Nacional para el Desarrollo de los Pueblos Indígenas (CDI) de México. Sin embargo, solamente el 6 por ciento de la población habla un idioma indígena. http://en.wikipedia.org/wiki/Languages_of_Mexico, visto el 29 de junio de 2006.

7. Mientras que históricamente la diversidad religiosa de México parecía poco comparada con las variaciones geográficas, económicas y culturales que hasta hoy en día se evidencian, permanece el hecho que la religiosidad de México no fue ni es hoy uniforme, como lo demuestran los números crecientes de protestantes, testigos de Jehová y mormones mexicanos.

8. Allan Figueroa Deck, SJ, "La Raza Cósmica: Rediscovering the Hispanic Soul", *The Critic* 37, no. 3 (primavera de 1993): 46–53. Se debe mucha de esta sección a sus ideas.

9. A. F. Deck, "La Raza Cósmica", 48.

10. A. F. Deck, "La Raza Cósmica", 49.

11. Después de pasar un viernes santo en un vía crucis en vivo, el teólogo cubanoamericano Roberto Goizueta decidió dar a su libro sobre la teología hispana un título por un himno que allí se cantó, "Caminemos con Jesús". Véase *Caminemos con Jesús: Toward a Hispanic/Latino Theology of Accompaniment* (Maryknoll, NY: Orbis Books, 1995).

12. Esta frase es también el título de una colección excelente de artículos sobre la pastoral. Véase *Misa, Mesa y Musa: Liturgy*

in the U.S. Hispanic Church, compilado y editado por Kenneth G. Davis, OFM, conv. (Schiller Park, IL: World Library Publications, 1997).

13. Octavio Paz, *El laberinto de la soledad y otras obras*, publicado originalmente en 1950; cita tomada de la edición de Penguin Books, 1997, 71–72. Aunque los ensayos originales se escribieron hace más de 70 años, este libro ha mantenido un lugar único en la interpretación del pensamiento mexicano para el mundo moderno.

14. Véase Roberto S. Goizueta, "Fiesta: Life in the Subjunctive", en *From the Heart of Our People: Latino/a Explorations in Catholic Systematic Theology*, editado por Orlando O. Espín y Miguel H. Díaz (Maryknoll, NY: Orbis Books, 1999), 84–99.

15. Me quedo endeudado a Fernando Álvarez Lara, SJ, por estos comentarios en una entrevista del 1º octubre de 2003. Nacido en los Estados Unidos de América y residente de Camargo, Chihuahua hasta la edad de quince años, regresó a los Estados Unidos para estudiar.

16. En cuanto no solo a lo que los hispanos traen a la liturgia sino a la manera en que la liturgia les presenta retos, véase Francis Buckley, "Popular Religiosity and Sacramentality: Learning from Hispanics a Deeper Sense of Symbol, Ritual, and Sacrament", *The Living Light* 27, no. 4 (verano de 1991): 351–60.

17. No quiero dar a entender ni que todas las fiestas mexicanas son religiosas (por ejemplo, las fiestas patrias celebran la independencia mexicana de España) ni tampoco que todas se celebran en este espíritu de videntes. Así como en otras culturas, frecuentemente puede haber excesos que se han de cuestionar de manera pastoral. Viene a la mente el caso de la disponibilidad fácil del alcohol en una fiesta, frecuentemente sin supervisión, la cual puede ser muy problemática, sobre todo para los jóvenes. Dos recursos para entender la fiesta como se relaciona con los sacramentos son *Primero Dios: Hispanic Liturgical Resource* (Chicago: LTP, 1997) por Mark R. Francis y Arturo Pérez-Rodríguez y *La Vida Sacra:*

A Contemporary Hispanic Sacramental Theology (Lanham, MD: Rowman & Littlefield, 2006) por James Empereur y Eduardo Fernández.

18. Citado en "Hispanic Gang Members Keep Strong Family Ties", por Seth Mydans en el periódico *The New York Times*, 11 de septiembre de 1995.

19. Véase el capítulo 7 de Empereur y Fernández, *La Vida Sacra*.

20. Dean H. Hoge, William D. Dinges, Mary Johnson, SND de N y Juan González, Jr., *Young Adult Catholics: Religion in the Culture of Choice* (Notre Dame, IN: University of Notre Dame Press, 2001), 119.

21. Véase Virgilio Elizondo, *Virgen De Guadalupe, Madre De La Nueva Creación* (España: Divino Verbo, 1999).

22. Para más explicación de esta manera general de tomar decisiones morales entre los hispanos, véase Samuel García, *Dignidad: Ethics Through Hispanic Eyes* (Nashville: Abingdon Press, 1997).

23. Frederick John Dalton, *The Moral Vision of Cesar Chávez* (Maryknoll, NY: Orbis Books, 2003). Para una explicación de cómo la religiosidad popular latina sigue siendo tanto un recurso simbólico del significado y un agente de potencia para el cambio en áreas concretas sociales y políticos, véase Allan F. Deck y Christopher Tirres, "Latino Popular Religion and the Struggle for Justice", en *Religion, Race and Justice in a Changing America*, editado por Gary Orfield y Holly Lebowitz Rossi (Nueva York: Century Foundation, 1999), 139–210.

24. María Pilar Aquino, "Perspectives on a Latina's Feminist Liberation Theology", en *Frontiers of Hispanic Theology in the United States*, ed. Allan Figueroa Deck (Maryknoll, NY: Orbis Books, 1992), 23–40. Esta cita se encuentra en la p. 36.

25. Orlando Espín, "Tradition and Popular Religion: An Understanding of the *Sensus Fidelium*", en *Frontiers of Hispanic Theology in the United States*, editado por Allan Figueroa Deck

(Maryknoll, NY: Orbis Books, 1992), 62–87. Esta cita se encuentra en la p. 71.

26. Para un ejemplo de los aspectos pedagógicos de la religión popular, véase Anita de Luna, MCDP, *Faith Formation and Popular Religion: Lessons from the Tejano Experience* (Lanham, MD: Rowman & Littlefield, 2002).

CAPÍTULO 4

1. Sylvia Chacón, ASC, "The Aesthetics of Reconciliation: Embracing Ritual and Art" (trabajo inédito de síntesis para la Maestría de Estudios Teológicos, Jesuit School of Theology at Berkeley, diciembre de 2003), 22, nota 73.

2. Mucho de este tratamiento está basado en *Faith Expressions of Hispanics in the Southwest*, 3ª edición (revisada), revisada y editada por Sor Rosa María Icaza, CCVI (San Antonio, TX: Mexican American Cultural Center, 2003). Es el fruto de una serie de sesiones de trabajo que se llevaron a cabo en San Antonio, Albuquerque y Los Ángeles durante el verano de 1977, facilitadas por el Rev. Luis Maldonado de la Universidad Pontificia de Salamanca, un experto internacional en la piedad popular quien colaboró en el proyecto con el Rev. Juan Romero y el Rev. Juan Alfaro, OSB. Según el reporte publicado, el propósito del taller fue "llegar a un entendimiento más profundo de las dimensiones de la piedad popular y las actitudes subyacentes del pueblo, sobre todo los mexicoamericanos en el suroeste, para descubrir criterios para el aprecio de sus valores. Otro propósito fue crear un vehículo para compartir conocimientos sobre el alma de un pueblo con los párrocos, obispos, superiores religiosos y responsables para la formación de futuros ministros para los hispanohablantes en los EEUU. El proyecto tiene como propósito de largo plazo acelerar el proceso de estudio de las prácticas de la piedad popular en otras regiones, por medio de talleres parecidos, para que puedan de manera más consciente y explícita enriquecer las celebraciones litúrgicas de los hispanohablantes y de toda la iglesia americana" (1–2). Para más

información a fondo acerca de la religiosidad popular, véase Luis Maldonado, *Introducción a la Religiosidad Popular* (Santander: Sal Terrae, 1985).

3. Citado en "Our Lady of Guadalupe: Let Me Share a Journey with You" por Eduardo C. Fernández, SJ, en *The Rio Grande Catholic* 6, no. 6 (diciembre de 1996). La mayoría del artículo se presenta en este capítulo.

4. En la novela *Los años con Laura Díaz* por Carlos Fuentes, el personaje José Maura hace la siguiente aseveración acerca de la Virgen de Guadalupe: "Es una virgen cristiana e indígena, pero también es la Virgen de Israel, la madre judía del Mesías esperado, y tiene un nombre árabe, Guadalupe, río de lobos. ¡Cuántas culturas por el precio de una estampa!" (Carlos Fuentes, *Los años con Laura Díaz* [Madrid: Alfaguara, 1999], 244).

5. Fuentes, *Los años con Laura Díaz*, 244. Estas palabras se toman del *Nican Mopohua*, uno de los más antiguos de los relatos conocidos de las apariciones. Véase Elizondo, *Guadalupe: Mother of the New Creation* (Maryknoll, NY: Orbis Books, 1977). En los años recientes, sobre todo a partir de la canonización de Juan Diego, se han visto muchas publicaciones que cuestionan la historicidad de las apariciones. Varias de las obras merecen atención seria, sobre todo las que tienen sensibilidad hacia los tiempos en los cuales la devoción se hizo popular. Aquí mi propósito no es refutar esas aseveraciones, más bien, sencillamente, a imitación del padre Elizondo, demostrar la fe viva que rodea esta devoción cuya credibilidad entre la gente no se basa solamente en los textos escritos. Para un estudio de su importancia para las mujeres mexicoamericanas, véase Jeanette Rodríguez, *Our Lady of Guadalupe: Faith and Empowerment Among Mexican-American Women* (Austin: University of Texas Press, 1994). Otras obras históricas recientes incluyen David A. Brading, *Mexican Phoenix: Our Lady of Guadalupe: Image and Tradition Across Five Centuries* (Cambridge: Cambridge University Press, 2001); Stafford Poole, *Our Lady of Guadalupe: The Origins and Sources of a Mexican National*

Symbol, 1531–1797 (Tucson: University of Arizona Press, 1995); y, de manera más reciente, Timothy Matovina, *Guadalupe and Her Faithful: Latino Catholics in San Antonio, from Colonial Origins to the Present* (Baltimore: Johns Hopkins University Press, 2005). Desde una perspectiva protestante, véase Maxwell E. Johnson, *The Virgin of Guadalupe: Theological Reflections of an Anglo-Lutheran Liturgist* (Lanham, MD: Rowman & Littlefield, 2002). Para una colección de ensayos contemporáneos, véase *The Treasure of Guadalupe*, editado por Virgilio Elizondo, Allan Figueroa Deck y Timothy Matovina (Lanham, MD: Rowman & Littlefield, 2006).

6. Para un guion de las apariciones tanto en español como en una traducción al inglés, junto con guiones de otras obras tradicionales, véase Larry Torres, traductor, *Six Nuevomexicano Folk Dramas for Advent Season* (Albuquerque: University of New Mexico Press, 1999).

7. Para una descripción detallada de estas celebraciones, junto con ideas pastorales y oraciones sugeridas, véase Miguel Arias, Arturo Pérez-Rodríguez y Mark Francis, *La Navidad Hispana: At Home and at Church* (Chicago: Liturgy Training Publications, 2000). Respecto al significado religioso detrás de la piñata, por ejemplo, señalan: "Las novenas para la fiesta de Guadalupe y de las posadas normalmente terminan con piñatas y refrigerio. Originalmente los misioneros franciscanos utilizaron las piñatas como herramientas catequéticas, enseñando que sus siete picos tradicionales representaban la lucha continua de la persona fiel en contra de Satanás para volver a ganarse la gracia que Satanás había robado. Cuando se rompía la piñata, la 'gracia'—dulces, fruta y regalos—se derramaba hacia abajo" (19).

8. *Faith Expressions*, 14. Para una descripción conmovedora del Miércoles de Ceniza en el pueblo de San José de Gracia, Jalisco, México, una que acentúa el papel de la familia, la comunidad, la casa, la comida, la peregrinación y el auto-reconocimiento como cristiano, véase Miguel Arias Gutierrez, "En la Casa, en la Iglesia", *Liturgy* 15, no. 1 (otoño de 1998): 31–34.

Católicos Mexicoamericanos

9. Para una reflexión iluminadora acerca del vía crucis y las tradiciones religiosas populares mexicoamericanos, particularmente como se experimentan en el barrio de Pilsen de Chicago, véase el ensayo de Roberto S. Goizueta, "The Symbolic World of Mexican American Religion", en *Horizons of the Sacred: Mexican Traditions in U.S. Catholicism*, editado por Timothy Matovina y Gary Riebe-Estrella, SVD (Ithaca y Londres: Cornell University Press, 2002). Al describir el poder transformativo de la religión popular al entrar el espacio público, Goizueta relata la observación de un joven llamado Jorge quien ha desempeñado varios papeles en la procesión del viernes santo. "Jorge nota que el número de bares que anteriormente salpicaban la ruta de la calle 18 del vía crucis ha bajado a lo largo de los años conforme la gente traía sus oraciones a la calle, pidiendo por y a los mismos alcohólicos. Para Jorge, el poder social de lo sagrado es claramente palpable; los signos de este poder son visibles en la misma calle" (129).

10. *Faith Expressions*, 15.

11. A mi parecer, hasta la fecha la mejor presentación en vídeo que describe estos eventos, sobre todo desde la perspectiva de la gente, es una obra de 28 minutos de Adán Medrano con el título *Soul of the City/Alma del Pueblo* (Houston: JM Communications, 1996). También recomiendo el vídeo de 49 minutos de Thomas Kane, *Fiesta! Celebrations at San Fernando* (Mahwah, NJ: Paulist Press, 1999); y Gayla Jamison y J. R. Gutierrez, *La Gran Posada: A Christmas Celebration* (San Antonio: Hispanic Telecommunications Network y Family Theater Productions, 1998). Dura 57 minutos. Para un enfoque en la relevancia de las posadas, sobre todo en el caso de tres jóvenes indocumentados en el área de Los Ángeles, véase *Posada: A Night to Cross All Borders* (Los Ángeles: Loyola Productions, 2007). El disco dura 57 minutos.

12. Para relatos conmovedores que se anotaron en la causa para la beatificación de Porres, además de una explicación de la teología detrás de las mismas, véase Alejandro García-Rivera, *St.*

Notas

Martin de Porres: The "Little Stories" and the Semiotics of Culture (Maryknoll, NY: Orbis Books, 1995).

13. Véase "A Saint Who Guides Migrants to a Promised Land" por Ginger Thompson, *The New York Times*, 14 de agosto de 2002.

14. Véase "Los Milagros de Juan Soldado" por Sam Quiñones en *Día Siete* 157 (Suplemento de *El Despertador S.A. de C.V.* [México, D.F.]), 37–43. Traducido de la versión en inglés por la traductora, Neela Kale Arguelles.

15. Para algunas personas estas costumbres pueden parecerse raras. El padre Greg Bauman, sacerdote jesuita quien ha trabajado en una sección pobre de Los Ángeles durante años, dijo esto respecto a estos eventos: "En la cultura angla parece raro un altar para los muertos, porque nos divorciamos del hecho que morimos... la tratamos de arrinconar y solo la enfrentamos cuando es necesario. La cultura latina no le tiene miedo a la muerte... cuando te envejeces no tienes que avergonzarte". Citado en "Días de los Muertos: Public Ritual, Community Renewal, and Popular Religion in Los Angeles" por Lara Medina y Gilbert R. Cadena, en *Horizons of the Sacred*, 87.

16. Alejandro García-Rivera, "Día de los Muertos: Fiesta Familiar. Day of the Dead: A Family Reunion", en *Momento Católico* (Chicago: Claretian Publications, 1992). Para una manera de integrar la celebración en la liturgia, véase también Raúl Gómez, "The Day of the Dead: Celebrating the Continuity of Life and Death", *Liturgy* 14, no. 1 (primavera de 1997): 28–40, así como el capítulo 7 de Empereur y Fernández, *La Vida Sacra*.

17. Como reportado en Medina y Cadena, "Días de los Muertos", 93.

18. Esa necesidad de la escucha de parte de los agentes de pastoral se mencionaba una y otra vez por las personas que entrevisté en el proceso de escribir este libro.

19. Véase Gerald F. Muller, CSC, *With Life and Laughter: The Life of Father Pro* (Boston: Pauline Books and Media, 1996).

20. Por ejemplo, cuando yo estaba creciendo en El Paso, Texas, en la frontera entre Estados Unidos y México, el párroco pudo renovar la tradición de las posadas al procurar materiales como los textos, la música, los dulces y las piñatas de la cercana Ciudad Juárez, México. Aunque él nació en los Estados Unidos de América, trabajó por un tiempo en México y sus padres habían sido inmigrantes, así que pudo entender mejor la importancia de esta celebración para darles la bienvenida a los recién llegados a los barrios de la parroquia y para formar comunidad.

21. Los autores explican su contexto y su uso del plural, el cual no es normalmente el caso: "Utilizamos la forma plural, Días, para enfatizar los numerosos días de preparación, así como los varios días que realmente dedican los participantes a honrar y convivir con sus difuntos. Como chicana y chicano de tercera generación, hemos compartido la expansión de estas celebraciones en Los Ángeles y San Francisco a lo largo de los últimos veinte años. El orden de los componentes del ritual varía de lugar en lugar, pero los componentes mismos permanecen esencialmente iguales. Nuestro trabajo en varias universidades en el sur de California introdujo la tradición a varias comunidades universitarias a principios de los 1990. La respuesta entusiasmada afirma que la tradición refleja tanto la espiritualidad rica y las sensibilidades políticas de las y los chicanas/os" (72).

22. *Faith Expressions*, 22.

23. Hasta la fecha, el mejor libro completo sobre la celebración pastoral y la integración de estos ritos en la liturgia oficial de la Iglesia es la obra excelente de Arturo Pérez-Rodríguez y Mark Francis, *Primero Dios: Hispanic Liturgical Resource* (Chicago: Liturgy Training Publications, 1997). Sus descripciones, notas pastorales y liturgias sugeridas son un recurso bienvenido para la pastoral entre latinos en los Estados Unidos de América. James Empereur y yo nos surtimos mucho de este recurso para nuestro trabajo, *La Vida Sacra: A Contemporary Hispanic Sacramental Theology*. En este libro, explicamos cómo cada uno de los siete

sacramentos se celebra en la comunidad latina junto con lo que los latinos aportan a la tradición sacramental de la Iglesia más amplia. Además, para cada uno de los sacramentos, ponemos una lista de los retos presentados a los latinos por los valores evangélicos que los sacramentos celebran.

24. Para una explicación excelente de esta historia, escrito por alguien que desempeñó un papel clave en su desarrollo, véase Arturo J. Pérez, "The History of Hispanic Liturgy since 1965", en *Hispanic Catholic Culture in the U.S.: Issues and Concerns*, editado por Jay P. Dolan y Allan Figueroa Deck (Notre Dame, IN: University of Notre Dame Press, 1994), 360–408.

25. A. Pérez-Rodríguez y M. Francis, *Primero Dios*.

26. Véase *Primero Dios*.

27. *Faith Expressions*, 24. Para una explicación de los orígenes de estos tipos de costumbres matrimoniales, su uso actual y su relevancia a la liturgia oficial del matrimonio, véase el folleto bilingüe preparado por el reverendo Raúl Gómez, SDS, el reverendo Heliodoro Lucatero y la Sra. Sylvia Sánchez, *Gift and Promise: Customs and Traditions in Hispanic Rites of Marriage*, 2ª edición (Portland, Oregon: Instituto Hispano de Liturgia/Oregon Catholic Press, 2005).

28. Para una explicación extensa de estos y otros ritos de paso, véase *Primero Dios* y *La Vida Sacra*.

29. Véase *Quinceañera: Celebration of Life, Guidebook for the Presider of the Religious Rite/Quinceañera, Celebración de la Vida, Guía Para Los Que Presiden el Rito Religioso* (San Antonio: Mexican American Cultural Center, 1999). En las notas introductorias los autores mencionan algunas de las preocupaciones de los sacerdotes y otros agentes de pastoral respecto a la celebración como comúnmente se lleva a cabo hoy en día: "[El rito religioso] puede ser igual de complicado como una boda moderna con limusinas, servicio de comida, músicos pagados, ropa o trajes elegantes, flores y arcos decorativos intrincados y más de un solo sacerdote como presidente. Para muchos sacerdotes los excesos de algunas familias

en estos "extras" de lujo y la aparente falta de significado religioso para muchas jóvenes les lleva a un rechazo total de toda ceremonia así como mero evento social. Aún los que simpatizan con la religión popular de los latinos encuentran que es difícil participar en un conjunto de símbolos que parecen tener solamente significado superficial. No tiene que ser así... Mientas más agentes de pastoral aprenden el significado rico de esta costumbre entonces la preparación para el ritual asume más actividad evangelizadora y catequetizadora" (xii). Más recientemente, la Conferencia de Obispos Católicos de los Estados Unidos (USCCB, por sus siglas en inglés) ha publicado una versión bilingüe, oficialmente aprobada, con título *Bendición al cumplir quince años/Order for the Blessing on the Fifteenth Birthday* (USCCB: Washington, DC, 2007).

30. Véase el capítulo 7 de *La Vida Sacra*. Para un recurso excelente que ayuda al ministro a cerrar la brecha en el área de atención pastoral a los enfermos, sobre todo a la luz del curanderismo (definido por Rafaela G. Castro como "el proceso tradicional de la sanación, parecido a mucha medicina alternativa contemporánea en su enfoque integral, sin ningún reconocimiento de una separación entre mente y cuerpo"), véase Kenneth G. Davis, "Annoying the Sick? Cultural Considerations for the Celebration of a Sacrament", *Worship* 78, no. 1 (enero de 2004): 35–50.

31. *Faith Expressions*, 27.

32. Como un ejemplo de cómo los santos ayudan a unirnos, recuerdo a mi abuelo, quien en ocasiones llevaría una imagen a bendecir junto con alguien que quería que fuera su compadre.

33. *Faith Expressions*, 34–40.

34. En "The Hispanic Shift: Continuity Rather than Conversion?", Kenneth Davis examina la atracción del pentecostalismo a los hispanos y las consecuencias de un cambio tan grande en la afiliación religiosa. Postula que una de las razones mayores son los aspectos parecidos entre el pentecostalismo y el catolicismo popular (en *Journal of Hispanic/Latino Theology* 1, no. 3) [mayo de 1994]: 68–79). Véase también Allan Figueroa Deck, "The Challenge

Notas

of Evangelical/Pentecostal Christianity to Hispanic Catholicism", en *Hispanic Catholic Culture in the United States*, editado por Jay P. Dolan y Allan Figueroa Deck (Notre Dame, IN: University of Notre Dame, 1994), 427–28.

35. Virgilio Elizondo relata la historia de cómo una pareja joven destinada a la guerra le pidió que bendijera sus tatuajes de la Virgen de Guadalupe. Cuando les preguntó por qué no usaban simplemente una medalla de ella, respondieron, "Podemos perder la medalla, pero los tatuajes siempre se quedarán con nosotros".

36. Conocida como la presentación, esta práctica se explica más en nuestro libro, *La Vida Sacra*.

37. *Faith Expressions*, 35.

38. Recuerdo que una vez pasé en carro por una iglesia en Oakland, California, en donde, después de que se había dado la ceniza durante todo el día, se colocó un pequeño plato con cenizas en una pequeña mesa en frente de las puertas cerradas, al lado de una veladora encendida. Se encontraba una familia poniendo cenizas en las frentes de sus niños.

39. *Faith Expressions*, 38.

40. Para unos puntos buenos y prácticos para basarse en las peregrinaciones como caminos de crecimiento espiritual, véase Virgilio Elizondo, "Pastoral Opportunities of Pilgrimages", en *Pilgrimage*, editado por Virgilio Elizondo y Sean Freyne (Maryknoll, NY: Orbis Books), 107–14.

41. *Faith Expressions* explica esta práctica devocional, la cual puede parecerse muy extraño a muchos católicos en los Estados Unidos: "Usualmente una promesa tiene dos elementos básicos: la petición de un favor, y la manda o el voto, el cual es el cumplimiento de estipulaciones que acompañan el voto. Las promesas son de importancia especial para las personas en los casos de enfermedad en donde un médico dice que 'no tiene remedio'. Una vez que se considera que se ha concedido la petición o el favor, se lleva a cabo la manda. Puede tomar la forma de un estipendio para misas; de encender una veladora, ya sea en una iglesia, una ermita

o en casa; de irse de rodillas hasta el altar de alguna iglesia o ermita seleccionada para dejar una ofrenda. Las personas que cumplen con una manda generalmente ofrecen un milagrito o exvoto que usualmente consiste en una miniatura en oro, plata o bronce, objetos en la forma del cuerpo humano o la parte del cuerpo que se ha curado. También pueden ofrecer unos cabellos o porciones del cabello largo de uno, sobre todo en el caso de las mujeres. También es costumbre dejar en la ermita o en la iglesia una foto de la persona curada o alguna carta dando testimonio de la ayuda recibida" (39–40).

42. Un resumen de mucha ayuda sobre las actitudes pastorales de Segundo Galilea respecto a la religión popular se presenta en el libro bien conocido de Robert J. Schreiter, *Constructing Local Theologies* (Maryknoll, NY: Orbis Books, 1985), 141–43.

43. Allan Figueroa Deck, SJ, "A Latino Practical Theology: Mapping the Road Ahead", *Theological Studies* 65 (2004): 297. En el mismo artículo, Deck invoca tales autores como Francis y Pérez Rodríguez (*Primero Dios*) y Kenneth G. Davis, editor de *Misa, Mesa y Musa: Liturgy in the U.S. Hispanic Church* (Schiller Park, IL: World Library Publications, 1997) para decir que "estos autores señalan el punto fundamental que el punto de partida para la inculturación litúrgica del catolicismo hispano tiene que ser la religión popular. La teología litúrgica y una familiaridad con las normas oficiales constituyen un momento segundo importante" (291, nota 32). Véase también *The Directory on Popular Piety and the Liturgy: Principles and Guidelines: A Commentary*, editado por Peter C. Phan (Collegeville, MN: Liturgical Press, 2005).

44. Para una exploración de algunas de las razones por las cuales la piedad popular está ascendente aún fuera de las comunidades latinas, véase Patrick L. Malloy, "The Re-Emergence of Popular Religion Among Non-Hispanic American Catholics", *Worship* 72, no. 1 (enero de 1998): 2–25.

CAPÍTULO 5

1. Este capítulo, sobre todo sus teólogos presentados, debe mucho al capítulo 2, de mi libro, *La Cosecha: Teología hispana contemporánea en Estados Unidos (1972-2019)* (Chile: Universidad Alberto Hurtado, 2020), una revisión de *La cosecha: Teología hispana contemporánea en Estados Unidos (1972-1998)* (México, DF: Obra Nacional de Buena Prensa, 2009). El original en inglés se publicó como *La Cosecha: Harvesting Contemporary U.S. Hispanic Theology (1972-1998)* (Collegeville: Michael Glazier, 2000).

2. Entre los primeros artículos comprehensivos escritos sobre el tema son Fernando Segovia, "A New Manifest Destiny: The Emerging Theological Voice of Hispanic Americans", *Religious Studies Review* 17, no. 2 (abril de 1991): 102-9; Arturo Bañuelas, "U.S. Hispanic Theology", *Missiology* 20, no. 2 (abril de 1991): 275-300; y la introducción de Allan F. Deck a *Frontiers of Hispanic Theology in the United States* (Nueva York: Orbis Books, 1992). Dos libros que salieron después sobre este tema son el de Fernández, *La cosecha*, y Miguel H. Díaz, *On Being Human: U.S. Hispanic and Rahnerian Perspectives* (Maryknoll, NY: Orbis Books, 2001).

3. Justo L. González, *Mañana: Christian Theology from a Hispanic Perspective* (Nashville: Abingdon Press, 1990), 75.

4. Justo L. González, "Contextual Theologies", en *Essential Theological Terms* (Louisville: Westminster John Knox Press, 2005), 38.

5. J. L. González, "Contextual Theologies", 38.

6. J. L. González, "Contextual Theologies", 38. Otras formas que se podrían agregar a esta lista son las teologías asiático-americana, indígena y gay/lesbiana. Para una introducción excelente a la teología contextual, véase Stephen B. Bevans, *Models of Contextual Theology*, edición revisada (Maryknoll, NY: Orbis Books, 2002). En español, *Modelos de teología contextual* (Grupo Editorial Verbo Divino, 2004).

7. Virgilio P. Elizondo, "Educación Religiosa para el Mexico-Norteamericano", *Catequesis Latinoamericana* (1972). Véase también su libro *Christianity and Culture*, publicado por Our Sunday Visitor en 1975.

8. V. P. Elizondo, *The Future is Mestizo* (Boulder: University of Colorado Press, 2000), 15.

9. V. P. Elizondo, *The Future is Mestizo*, 26.

10. La palabra *mestizo* tradicionalmente se ha empleado para designar a una persona que tiene una mezcla de sangre tanto indígena como europea. Este proceso se llama mestizaje. Justo González, al haber mencionado que Virgilio Elizondo en sus escritos ha relacionado la condición de los mexicoamericanos en los Estados Unidos de América y la de los galileos en el judaísmo antiguo, a causa de su estatus marginal, explica el significado del término como se utiliza en la teología hispana: "Un mestizo – estrictamente hablando, 'de raza mixta' – es una persona que se para entre dos culturas, considerada ajena por ambas, y sin embargo creando una cultura nueva que bien puede ser la vanguardia para ambas culturas dominantes. Los teólogos latinos y latinas han desarrollado este tema como un paradigma para entender su situación, en la cual ya no pertenecen a la cultura de sus patrias, y sin embargo todavía no pertenecen completamente a la cultura de los Estados Unidos" ("Latino/a Theology", en *Essential Theological Terms*, 96). La expresión más clara de parte de Elizondo de esta aplicación teológica se encuentra en *Galilean Journey: The Mexican American Promise* (Maryknoll, NY: Orbis Books, 1983).

11. V. P. Elizondo, *The Future Is Mestizo*, 108ff.

12. Al grado posible dentro de las limitaciones de este capítulo, he pretendido presentar un bocadito, una prueba, de cada uno de los escritos de los teólogos principales.

13. Allan Figueroa Deck, "A New Vision of a Tattered Friendship", *Grito del Sol* 4, no. 1 (1974): 87–93; Marina Herrera, "La Teología en el Mundo de Hoy", *Páginas Banilejas* (julio de 1974).

14. Para una descripción de cómo nació ACHTUS, véase la introducción de Deck a *Frontiers*. La academia continúa hoy con su trabajo y tiene más de cien miembros.

15. Justo González, "Orthopraxis", en *Essential Theological Terms*, 125.

16. Véase A. F. Deck, *Frontiers of Hispanic Theology* (xviii–xix), para una comparación interesante entre la teología de la liberación de América Latina y la teología hispana de los Estados Unidos.

17. Joe Holland y Peter Henriot, en *Social Analysis: Linking Faith and Justice* (Maryknoll, NY: Orbis Books, 1983), describen este método como el "círculo pastoral". Este método incorpora el enfoque bien conocido de "ver, juzgar y actuar" que se sugirió en Puebla, una reunión de los obispos latinoamericanos que se llevó a cabo en México en 1979. Su fuerza es su énfasis en la relación continua entre la reflexión y la acción. Así como el círculo hermenéutico – un método de interpretación en el cual las teorías más antiguas se cuestionan a la luz de las situaciones nuevas – el círculo pastoral permite la renovación continua de tanto la teoría como la práctica. Estos autores reconocen tanto a Paulo Freire (*The Pedagogy of the Oppressed* [Nueva York: Herder and Herder, 1970]) y Juan Luis Segundo (*The Liberation of Theology* [Maryknoll, NY: Orbis Books, 1976]) por sus aportes a este modelo de análisis.

18. A. M. Isasi-Díaz, "'Apuntes' for an Hispanic Women's Theology of Liberation", *Apuntes* 6, no. 3 (otoño de 1986): 61–70. Se volvió a imprimir en la colección editada por Justo L. González con título *Voces: Voices from the Hispanic Church* (Nashville: Abingdon Press, 1992), 24–31. En otro lado, González resume el significado de la teología mujerista: "Mientras que está de acuerdo con mucho de la teología feminista, la teología mujerista insiste en que dicha teología ha estado tan preocupada por los asuntos y perspectivas de la cultura dominante que no es capaz de expresar la experiencia, la opresión y las esperanzas de las mujeres de culturas minoritarias – sobre todo las mujeres hispanas. Además,

mientras que está de acuerdo con mucho de la teología latina, la teología mujerista señala que la teología latina es tan preocupada por los asuntos de cultura, clase y raza que frecuentemente no pone la atención suficiente en los asuntos de género. He aquí la necesidad de un nombre distintivo: 'mujerista' – de mujer en español. La metodología de la teología mujerista por lo tanto enfatiza la necesidad de escuchar las palabras y experiencias reales de las latinas, y después de interpretar esas expresiones en términos teológicos, en lugar de imponer las categorías teológicas tradicionales en la vida experimentada por las latinas" ("Mujerista Theology", en *Essential Theological Terms*, 116–17).

19. Ada María Isasi-Díaz y Yolanda Tarango, *Hispanic Women: Prophetic Voice in the Church* (San Francisco: Harper & Row, 1988). Este libro es fruto de una década de escuchar y reflexionar con once grupos diferentes.

20. A. M. Isasi-Díaz y Y. Tarango, *Hispanic Women*, ix.

21. Ada María Isasi-Díaz, *En la Lucha/In the Struggle: Elaborating a Mujerista Theology* (Filadelfia: Fortress Press, 2003). Véase la exploración de Jeanette Rodríguez de la emoción religiosa como se desarrolla en el pensamiento de William James (*Our Lady of Guadalupe: Faith and Empowerment among Mexican-American Women* [Austin: University of Texas Press, 1994], 51). Para una incorporación sublime de las historias de fe de las latinas, véase Rodríguez, *Stories We Live, Cuentos Que Vivimos: Hispanic Women's Spirituality* (Nueva York and Mahwah, NJ: Paulist Press, 1996).

22. Clifford Geertz, *The Interpretation of Cultures* (San Francisco: Basic Books, 1973), 90.

23. Véase una selección de las obras coleccionadas de Isasi-Díaz, *Mujerista Theology: A Theology for the Twenty-First Century* (Maryknoll, NY: Orbis Books, 1996) en la cual presenta en la introducción un tipo de "mapa del camino" para entender su trabajo. Su exploración de las áreas como la liturgia, las Escrituras y la ética es un ejemplo de cómo las perspectivas diferentes iluminan

cada una de esas especialidades teológicas. Una de sus obras más recientes, en la cual explica en detalle cómo las latinas han hecho de la marginación un espacio creativo de la lucha, es "Burlando al Opresor: Mocking/Tricking the Oppressor: Dreams and Hopes of Hispanas/Latinas and Mujeristas", *Theological Studies* 65 (2004): 340-63.

24. Véase J. Holland y P. Henriot, *Social Analysis*.

25. Allan Figueroa Deck, *The Second Wave: Hispanic Ministry and the Evangelization of Cultures* (Mahwah, NJ: Paulist Press, 1989). Quince años después, retoma esta obra popular en "A Latino Practical Theology: Mapping the Road Ahead", *Theological Studies* 65 (2004): 275-97.

26. A. F. Deck, *The Second Wave*, 1.

27. A. F. Deck, *The Second Wave*, 2.

28. A. F. Deck, *The Second Wave*, 2.

29. Véase A. F. Deck, "La Raza Cósmica: Rediscovering the Hispanic Soul", *The Critic* 37, no. 3 (primavera de 1993): 46-53.

30. Véase A. F. Deck, "A Christian Perspective on the Reality of Illegal Immigration", *Social Thought* (otoño de 1978): 39-53.

31. Para una historia del catolicismo popular latino en los Estados Unidos, véase su capítulo "Popular Catholicism among Latinos", en *Hispanic Catholic Culture in the U.S.: Issues and Concerns*, editado por J. P. Dolan y A. F. Deck, SJ (Notre Dame, IN: University of Notre Dame Press, 1994), 308-59. En "A 'Multicultural' Church?: Theological Reflections from 'Below'", en *The Multicultural Church: A New Landscape in U.S. Theologies*, editado por W. Cenkner (Mahwah, NJ: Paulist Press, 1996), 54-71, Espín expone sobre el papel de la cultura en la teología. Véase su "Popular Religion as an Epistemology (of Suffering)", *Journal of Hispanic/Latino Theology* 2, no. 2 (noviembre de 1994): 55-78. En este artículo él dialoga con otros teólogos y científicos sociales para presentar una posición hipotética en la búsqueda de una auténtica epistemología latina: "El problema... es cómo [los latinos] explican su sufrimiento, lo reconocen como sufrimiento y le

hallan un sentido (al menos algún sentido)" (74). Aquí él sostiene que la religión popular juega un papel muy importante epistemológicamente. Finalmente, en "Popular Catholicism: Alienation or Hope?", en *Hispanic/Latino Theology*, editado por F. F. Segovia y A. M. Isasi-Díaz (Minneapolis: Fortress Press, 1996), 307–24, Espín presenta una visión crítica de la religión popular, teniendo en cuenta su potencia tanto alienante como liberador. No es tan ingenuo para pensar que los influjos hegemónicos no se han abierto paso dentro de la religión popular. En 1997 Espín publicó una colección de seis de sus artículos claves, que tituló *The Faith of the People: Theological Reflections on Popular Catholicism* (Maryknoll, NY: Orbis Books, 1997). Tanto el prefacio por Roberto Goizueta y la introducción de Espín presentan un marco para entender su contribución y también hacia dónde lo dirige su investigación.

32. Espín explica lo que entiende por *sensus fidelium*: "Tan importantes como los textos escritos de la tradición (o, en realidad, más importantes), sin embargo, son *el testimonio y la fe viva* del pueblo cristiano... el objeto del estudio (aunque expresado a través de categorías culturales, lenguas, etcétera, que cubren toda la gama de la diversidad humana) se halla en el ámbito de la *intuición*. Es esta intuición llena de fe la que hace que la gente cristiana real perciba si algo es verdadero o no según el criterio del Evangelio, o que alguien está actuando de acuerdo al Evangelio cristiano o no, o que algo que es importante para el cristianismo no se está escuchando. Esta intuición, a su vez, permite y alienta una creencia y un estilo de vida y de oración que expresan y son testimonio del mensaje cristiano fundamental: el Dios que se revela en Jesucristo. Esta intuición llena de fe se denomina *sensus fidelium* (o *sensus fidei*)". O. O. Espín, *"Tradition and Popular Religion: An Understanding of the Sensus Fidelium"*, en *Frontiers*, 64.

33. Orlando O. Espín, "Grace and Humanness: A Hispanic Perspective", en *We Are A People!: Initiatives in Hispanic American Theology*, editado por Roberto S. Goizueta (Minneapolis: Fortress Press, 1992), 148.

Notas

34. O. O. Espín, en *We Are A People!*, 148. Véase también algunos de sus obras escritas en colaboración con Sixto J. García: "Hispanic-American Theology", en *Proceedings of the Forty-Second Annual Convention of the Catholic Theological Society in America* (CTSA, tomo 42, 1987: 114–19); "The Sources of Hispanic Theology", en *Proceedings* (CTSA, tomo 43, 1988: 122–25); y "'Lilies of the Field': A Hispanic Theology of Providence and Human Responsibility", en *Proceedings* (CTSA, tomo 44, 1989: 70–90). También de notar es "Trinitarian Monotheism and the Birth of Popular Catholicism: The Case of Sixteenth-Century Mexico", *Missiology* 20, no. 2 (abril de 1992): 177–204.

35. O. O. Espín, en *Frontiers*, 62.

36. Dawn Gibeau, "Hispanic Theology Aims Church at Poor", *National Catholic Reporter*, 11 de septiembre de 1992.

37. D. Gibeau, "Hispanic Theology Aims Church at Poor", *National Catholic Reporter*.

38. O. O. Espín, en *Frontiers*, 69–70.

39. O. O. Espín, en *Frontiers*, 71.

40. Véase "Trinitarian Monotheism and the Birth of Popular Catholicism". Para una explicación trinitaria parecida, véase Sixto J. García, "A Hispanic Approach to Trinitarian Theology: The Dynamics of Celebration, Reflection, and Praxis", en *We Are A People!: Initiatives in Hispanic American Theology*, 107–32. Dos colecciones que él ha co-editado son *From the Heart of Our People: Latino/a Explorations in Catholic Systematic Theology* (Maryknoll, NY: Orbis Books, 1999) con Miguel H. Díaz; y *Futuring Our Past: Explorations in the Theology of Tradition* (Maryknoll, NY: Orbis Books, 2006) con Gary Macy. Entre lo más reciente de las obras editadas por Espín está *The Wiley Blackwell Companion to Latino/a Theology* (Malden, MA: John Wiley and Sons, Ltd. 2015). Esta colección seria presenta contextos contemporáneos y exploraciones relevantes a la luz de la tradición teológica y teología latina, en total, 26 ensayos de teología católica, protestante, evangélica,

pentecostal y carismática que emergen de comunidades latinas de los Estados Unidos.

41. María Pilar Aquino, *Aportes para una Teología desde la Mujer* (Madrid: Biblia y Fe, 1988). Entre sus obras se encuentran "The Challenge of Hispanic Women", *Missiology* 20, no. 2 (abril de 1992): 261–68; "Perspectives on a Latina's Feminist Liberation Theology", en *Frontiers*, 23–40; "Doing Theology from the Perspective of Latin American Women", en *We Are A People!: Initiatives in Hispanic American Theology*, 79–105; y "Santo Domingo Through the Eyes of Women", en *Santo Domingo and Beyond: Documents and Commentaries from the Fourth General Conference of Latin American Bishops*, editado por Alfred T. Hennelly, SJ (Maryknoll, NY: Orbis Books, 1994), 212–25. Véase también su artículo, "Theological Method in U.S. Latino/a Theology: Toward an Intercultural Theology for the Third Millennium", en *From the Heart of Our People: Latino/a Explorations in Catholic Systematic Theology*, editado por Orlando O. Espín y Miguel H. Díaz (Maryknoll, NY: Orbis Books, 1999), 6–48; y *A Reader in Latina Feminist Theology: Religion and Justice*, editado por María Pilar Aquino, Daisy L. Machado y Jeanette Rodríguez (Austin: University of Texas Press, 2002).

42. M. P. Aquino, *Nuestro Clamor por la Vida: Teología Latinoamericana desde la Perspectiva de la Mujer* (San José, Costa Rica: Editorial DEI, 1992).

43. M. P. Aquino, *Our Cry for Life: Feminist Theology from Latin America* (Maryknoll, NY: Orbis Books, 1993).

44. Nótese el gran uso que hace de los autores latinoamericanos. Uno se forma en seguida la impresión, fijándose en sus interlocutores, de que ella cree mucho en la teología de conjunto. Arturo Bañuelas explica el término, conectándolo con la pastoral de conjunto de la manera siguiente: "Las teologías hispanas de EEUU son el resultado de un proceso que se llama pastoral de conjunto. Este proceso implica un método que enfatiza el involucramiento directo y el análisis de la realidad como primeros

pasos necesarios a la opción del autor de teologizar desde dentro del contexto social y pastoral hispano. La pastoral de conjunto asegura que el teologizar hispano este aterrizado en la experiencia humana, sobre todo la experiencia de la opresión. La teología hispana de EEUU pretende dar voz a los sin voz. Como miembros de la comunidad, en el proceso de pastoral de conjunto los teólogos también se ven como mestizos, articulando su propia teología. Este proceso pide un nuevo tipo de teólogo con un nuevo tipo de conciencia y compromiso, para que la teología no emane de posiciones abstractas de torre de marfil, sino de una interacción con otros hispanos que están expresando sus luchas y esperanzas para la liberación. Inmersos en la realidad hispana de la opresión, estos teólogos entienden cómo su prejuicio cultural influye en sus presuposiciones teológicas. Reconocen la falta de neutralidad de su teología ya que su proyecto común, su teología de conjunto, es la liberación de los hispanos como parte del plan salvífica de Dios para una nueva humanidad". Véase Arturo Bañuelas, "U.S. Hispanic Theology", *Missiology* 20, no. 2 (1992): 292.

45. M. P. Aquino, "Doing Theology from the Perspective of Latin American Women", 79–105.

46. R. S. Goizueta, editor, *We Are A People!: Initiatives in Hispanic American Theology* (Filadelfia: Fortress Press, 1992), xv.

47. Una parte clave de esta experiencia vivida es lo cotidiano (el énfasis en la vida diaria), un entendimiento que ha sido uno de los aportes más importantes del feminismo crítico. Aquino explica su origen: "Esta categoría surgió dentro del contexto de las filosofías y sociologías feministas que se desarrollaron en Europa oriental y América Latina en los 1960 y 1970, para enfrentar el totalitarismo ideológico y los metadiscursos monolíticos que eran de moda en aquel entonces. Pretendían reinventar los cimientos éticos y políticos de la verdadera democracia en la vida social". M. P. Aquino, "Theological Method in U.S. Latino/a Theology", 38.

48. Una consideración importante dado lo que se ha dicho acerca del privilegio hermenéutico del pobre. Es decir, estas mujeres,

las más pobres de los pobres, traen un lente importante a nuestra lectura del Evangelio.

49. Como se cita en "Doing Theology from the Perspective of Latin American Women", 96.

50. M. P. Aquino, "Perspectives on a Latina's Feminist Liberation Theology", 24.

51. M. P. Aquino, en *Frontiers*, 36.

52. M. P. Aquino, "Doing Theology from the Perspective of Latin American Women", 84, nota 6.

53. M. P. Aquino, "Perspectives on a Latina's Feminist Liberation Theology", 39, nota 12.

54. En su trabajo retratando las luchas y la espiritualidad de los que arriesgan vida y cuerpo al cruzar ilegalmente la frontera de los Estados Unidos desde México, Daniel G. Groody comunica el gran significado que el Cristo sufriente tiene para ellos: "Estos inmigrantes están dispuestos a descender al fondo del infierno en el desierto para las personas que aman para que puedan tener vidas mejores. Dentro de sus historias particulares de hambre, sed, alienación, desnudez, enfermedad y encarcelamiento podemos empezar a ver el rostro de un Cristo crucificado (Mateo 25,31—26,2). En su sufrimiento, los inmigrantes revelan el misterio escondido de Cristo hoy". Véase Daniel G. Groody, *Border of Death, Valley of Life: An Immigrant Journey of Heart and Spirit* (Lanham, MD: Rowman & Littlefield Publishers, Inc., 2002), 32–33.

55. Roberto S. Goizueta, *Let's Walk with Jesus: Towards a Theology of Accompaniment* (Maryknoll, NY: Orbis Books, 1995). Existe una versión en castellano: *Caminemos con Jesús: Hacia una teología del acompañamiento* (Miami, Florida: Convivium Press, 2012).

56. R. S. Goizueta, *Caminemos con Jesús*; en la versión en inglés, 67, nota 33 se refiere a pensadores latinoamericanos tales como José Vasconcelos.

57. R. S. Goizueta, "Nosotros: Toward a U.S. Hispanic Anthropology", en *Listening: Journal of Religion and Culture* 27 (invierno de 1992): 67.

58. El libro de Miguel H. Díaz, *On Being Human*, trata los aportes principales de los hispanos de los Estados Unidos a la antropología teológica.

59. M. H. Díaz, *On Being Human*, 56.

60. Arturo Bañuelas, "U.S. Hispanic Theology", *Missiology* 20, no. 2 (1992): 290. Uno de los artículos más recientes de Goizueta, en el cual sostiene que el catolicismo popular latino de los Estados Unidos proporciona una manera de recuperar algo de lo que se ha perdido o escondido en nuestras formas actuales del catolicismo más modernas y racionalistas es "The Symbolic Realism of U.S. Latino/a Popular Catholicism", *Theological Studies* 65 (2004): 255–74. Otros teólogos hispanos que también enfatizan el papel de lo bello, y para el propósito del análisis presente, como se encuentra en la religiosidad mexicana, son Alejandro García-Rivera, *The Community of the Beautiful: A Theological Aesthetics* (Collegeville, MN: A Michael Glazier Book, Liturgical Press, 1999); Michele A. González, *Sor Juana: Beauty and Justice in the Americas* (Maryknoll, NY: Orbis Books, 1993), una mirada a la figura literaria mexicana del siglo XVII Sor Juan Inés de la Cruz como una teóloga de muchas maneras más avanzada que su momento; Ana María Pineda, RSM, "Imágenes de Dios en el Camino: Retablos, Ex-votos, Milagritos, and Murals", *Theological Studies* 65 (2004): 364–79.

61. Para un tratamiento iluminador de esta relación mutua entre teólogos protestantes y católicos, véase la presentación de Virgilio P. Elizondo en la obra de Justo L. González, *Mañana*, 9–20.

62. Véase *Latino Religions and Civic Activism in the United States*, editado por Gastón Espinosa, Virgilio Elizondo y Jesse Miranda (Nueva York: Oxford University Press, 2005).

63. Kenneth Davis, OFM, conv., "Guest Editorial", *Theological Studies* 65 (2004): 249. Davis está escribiendo en 2004 y esa

cifra solo aumenta. Como se dijo en el capítulo 2, en su estudio publicado en 2014, Ospino dice que, para esa fecha, los hispanos han crecido a ser de 38 a 40 por ciento de la población católica en los EU, o 29.7 millones. Hosffman Ospino, *Hispanic Ministry in Catholic Parishes: A Summary Report of Findings from the National Study of Catholic Parishes with Hispanic Ministry* (Boston College School of Theology and Ministry, 2014), 8.

CAPÍTULO 6

1. Para una exploración de la evangelización, sobre todo como se expresa en *Evangelii Nuntiandi* de Pablo VI y la "nueva evangelización" de Juan Pablo II en relación a la pastoral hispana en los Estados Unidos, véase A. F. Deck, *The Second Wave: Hispanic Ministry and the Evangelization of Cultures* (Mahwah, NJ: Paulist Press, 1989), y su actualización posterior, "A Latino Practical Theology: Mapping the Road Ahead", *Theological Studies* 65 (2004).

2. *Encuentro & Mission*, no. 20. No se ha de pasar por alto, dado el papel clave que han desempeñado las mujeres religiosas en construir la Iglesia católica estadounidense a través de sus obras pioneras en la educación, el cuidado médico y los servicios sociales, el hecho que éstas siguen dando servicio, juntas con los hermanos religiosos, aunque en números bastante reducidos. Según las cifras más recientes de CARA, "La edad promedia de las hermanas y los hermanos religiosos es un poco mayor que la de los sacerdotes [63], y de manera parecida a éstos, pocos, el 3 por ciento, se autoidentifican como hispanos o latinos. Sin embargo, el 18 por ciento de las mujeres y el 11 por ciento de los hombres que profesaron votos perpetuos en 2013 se autoidentificaron como hispanos o latinos" ("Fact Sheet: Hispanic Catholics in the U.S.", CARA, 2000–2013).

3. H. Ospino, "Hispanic Ministry in Catholic Parishes", p. 29.

4. Washington, DC: U.S. Conference of Catholic Bishops (USCCB), 2002. Tomando en cuenta los datos demográficos del

censo de los Estados Unidos de 2000, este documento construye sobre el *Plan Pastoral Nacional para el Ministerio Hispano* de 1987 a la luz de la "nueva evangelización" de Juan Pablo II, su ponencia a la asamblea de CELAM (el Consejo Episcopal Latinoamericano) en 1983 y su carta encíclica *Ecclesia in America* (1999), junto con los resultados del Encuentro 2000, el cual se llevó a cabo en Los Ángeles, California, y al cual asistieron más de cinco mil líderes de la Iglesia representando 150 diócesis y 157 diferentes grupos étnicos y nacionalidades. El Quinto Encuentro, realizado en Grapevine, Texas en 2018, ya se mencionó en el capítulo 2.

    5. Citado en A. F. Deck, "A Latino Practical Theology", 278, nota 8, de un reporte producido por el Committee for Applied Research on the Apostolate (CARA). Se han hecho muchos avances en esta área, ya que en 2014 Ospino reporta que el 77 por ciento de los directores diocesanos se autoidentifican como hispanos (página 29). El mismo estudio reporta que, respecto al párroco en las parroquias que tienen ministerio hispano, las dos terceras partes se autoidentifican como anglos sin antecedentes hispanos. El 22 por ciento se autoidentifican como hispanos. A nivel nacional, el 7.5 por ciento de los sacerdotes se autoidentifican como hispanos o latinos (página 21). Ospino, a propósito, menciona que los diáconos permanentes, los cuales proporcionan un puente importante entre los párrocos que no hablan español y los hispanos, constituyen el 15 por ciento de las personas activas en este ministerio (página 25).

    6. Una línea de tiempo que ayuda, o "Memoria Histórica" para la pastoral hispana católica en los Estados Unidos se puede encontrar en *¡En Marcha!* (otoño-invierno de 2002): 22–26. Este ejemplar también contiene estadísticas importantes acerca de la pastoral hispana y la demografía nacional en base al Censo de los Estados Unidos de 2000. En el área de la historia del liderazgo laico, los movimientos, como el Cursillo, el Encuentro Matrimonial y la Renovación Carismática, han jugado y siguen jugando un papel clave. Véase el capítulo 5 de Empereur y Fernández, *La Vida Sacra*.

Para datos más recientes, véase "Apostolic Movements in Parishes Serving Hispanic Catholics" en el estudio de Ospino mencionado anteriormente, "Hispanic Ministry in Catholic Parishes" (2014), páginas 17–18.

7. La edad a la cual una persona llega en este país es muy significativa para su formación de identidad. He escuchado decir que, si llegas después de la pubertad, es más probable que te identificas con el país de donde vienes, mientras que si llegas antes, tiendes a identificarte más con la cultura de los Estados Unidos.

8. El periódico *The New York Times* reporta la tasa de mortalidad alarmante de una persona diaria que falleció tratando de entrar ilegalmente en los Estados Unidos de América en el verano de 2003. Conforme se hace más estricta la vigilancia en los alrededores de las ciudades grandes como San Diego y El Paso de parte de las operaciones de la Patrulla Fronteriza de los Estados Unidos, las personas que desean cruzar han tenido que acudir a zonas remotas, de manera creciente cayéndose víctimas al calor ardiente del desierto y a los asaltantes que buscan robarles el poco dinero que llevan. El artículo se enfoca en el destino de los niños pasados clandestinamente por la frontera, cuyos padres ya no pueden ir y venir de manera tan fácil ("Littlest Immigrants, Left in the Hands of Smugglers", 3 de noviembre de 2003). Estas muertes trágicas no han cesado. Más recientemente, "la Patrulla de la Frontera de los Estados Unidos contó 7,442 muertes de 1998 a 2018, pero esto probablemente representa un recuento insuficiente" (Jeff Cammage, escribiendo en el *Philadelphia Inquirer,* 29 de octubre de 2019). Aún con estas cifras, se saca un promedio de 372 muertes por año durante este período de 20 años.

9. *¡En Marcha!* (otoño-invierno de 2002): 15. Respecto a las tasas más altas de COVID-19 entre hispanos, Robert Preidt, escribiendo en *HealthDay Reporter* (3 de mayo de 2021) nota que: "El estar expuesto al nuevo coronavirus en el lugar de trabajo es un motivo principal por las tasas desproporcionadamente altas de muerte de COVID-19 entre los hispanos, según los resultados de

un estudio nuevo. En 2020, los hispanos constituyeron el 19 por ciento de la población de EEUU pero casi el 41 por ciento de todas las muertes de COVID-19, según los datos de los Centros para el Control y Prevención de Enfermedades de EEUU".

10. Reflexionando sobre su experiencia de trabajar en la frontera entre los Estados Unidos y México, la Hermana Sylvia Chacón escribe: "Notaba que tanto los hombres como las mujeres [en Ciudad Juárez, Chihuahua] respondían de manera más pronta a las peticiones de ayuda y necesitaban menos dirección que los inmigrantes recientes a El Paso, Texas, su ciudad hermana al otro lado de la frontera. Por ejemplo, los decorativos de la iglesia para la fiesta de la Virgen de Guadalupe no presentaban ningún problema. Aunque se hiciera al último momento, se hacía bien la decoración de la iglesia, mientras que en El Paso, las mujeres parecían más renuentes para decorar "como Dios manda" por miedo a ofender al sacerdote, a los euroamericanos o incluso a algunos de los feligreses mexicoamericanos más 'prominentes'.

"Al parecer su confianza en su sentido intuitivo se disipaba al cruzar la frontera. Parecían más dependientes de los ministros oficiales en lugar de depender de su experiencia o de la sabiduría colectiva de sus vecinos. Sufre su sentido de identidad conforme miran sus vidas en contraste al ideal americano; sin embargo, se aferran a esos elementos que mantienen sus pies sobre la tierra: los símbolos culturales, la música, el idioma, las costumbres, las tradiciones… Paulatinamente, conforme empiezan a adaptarse a su nuevo ambiente, algunos empiezan a distanciarse de aquellos símbolos que los identificarían con su cultura de origen con el fin de ganarse mayor aceptación. La segunda generación empieza a sentir más el contraste y parece hacer una opción para rechazar, cambiar o aceptar su nueva identidad cultural que les pone a vivir en medio de los mundos… Una dinámica parecida sucedía con las mujeres cuando estaban presentes los hombres: al parecer tenían menos confianza en la presencia de sus maridos". Sylvia Chacón, "The Aesthetics of Reconciliation: Embracing Ritual and Art" (trabajo inédito de síntesis para la Maestría de Estudios Teológicos, Jesuit School of Theology at Berkeley, diciembre de 2003), 16, nota 56.

11. Dean Hoge y sus compañeros investigadores hacen referencia a los resultados de Gregory Rodríguez y otros para mostrar que "dentro de diez años de su llegada el 76.3 por ciento de los inmigrantes hablan el inglés con alta competencia". Dean Hoge, William Dinges, Mary Johnson y Juan L. González, Jr., *Young Adult Catholics: Religion in the Culture of Choice* (Notre Dame, IN: University of Notre Dame, 2001), 117, citado en A. F. Deck, "A Latino Practical Theology", 294, nota 38. Esta tendencia continúa, ya que "La proporción de latinos que hablan inglés con competencia ha aumentado. En 2017, el 70 por ciento de los latinos de edad de 5 años para arriba hablaban el inglés con competencia, un aumento del 65 por ciento que lo hacían en 2010". Pew Research Center, Facts about U.S. Latinos and their diverse origins https://www.pewresearch.org/fact-tank/2019/09/16/key-facts-about-u-s-hispanics/#:~:text=Hispanic%20origin%20profiles%2C%202017%20%20Mexicans%20,%20202%2C067%2C000%20%2010%20more%20rows%20 (accessed 18-12-2021).

12. M. Francis y A. Pérez-Rodríguez, *Primero Dios*, 31.

13. Los temas de la relacionalidad y la comunidad figuran de manera prominente en un libro que escribí con James Empereur con título *La Vida Sacra: A Contemporary Hispanic Sacramental Theology* (Lanham, MD: Rowman & Littlefield, 2006).

14. A la luz de estudios de congregaciones de inmigrantes en los Estados Unidos de América, el sociólogo John Coleman asevera que "1) Los inmigrantes generalmente se vuelven más religiosos en lugar de menos religiosos que en sus países de origen... 2) Las parroquias exitosas de inmigrantes sirven como más que simples casas de alabanza, un lugar para la oración litúrgica. También son centros comunitarios en donde se refinan las habilidades de capacitación para el trabajo, se imparten clases de inglés. Estos centros proporcionan clínicas, cooperativas de crédito, fuentes de información sobre

la vivienda, cuidado de niños y también muchas reuniones y comidas comunitarias. En dichos centros la diáspora sigue involucrada en los asuntos del país de origen (como una elección en Haití) y se organiza en contra de maniobras legales americanos para denigrar a la población inmigrante o privarle de sus derechos… 3) En los Estados Unidos, la religión es una de las pocas diferencias que la cultura reconoce como legítima. Queremos que el país sea monolingüe, y podemos mirar con recelo las lealtades con guión, como en la frase coreano-americano, pero esperamos y honramos las diferencias de religión. Por lo tanto, la congregación inmigrante sirve como pantalla con legitimidad única para la agencia del grupo étnico". "Pastoral Strategies for Multicultural Parishes", *Origins* 31, no. 30 (10 de enero de 2002): 502.

15. Para un ejemplo concreto de la comunidad italiana-americana, véase Robert A. Orsi, *The Madonna of 115th Street: Faith and Community in Italian Harlem, 1880–1950*) (New Haven: Yale University Press, 1985).

16. Roberto Suro y otros reportan que el 54 por ciento de todos los latinos se están mudando a los suburbios (citado en A. F. Deck, "A Latino Practical Theology", 276, nota 3). Esta tendencia de trasladarse a los suburbios ha continuado. Véase "Ethnic Flight" https://www.newgeography.com/content/006079-ethnic-flight#:~:text=The%20majority%20of%20the%2088%20percent%20of%20Hispanics,an%20increasing%20preference%20for%20the%20suburbs%20and%20Exurbs.

17. Entre los mejores recursos que he encontrado en referencia a estas parroquias multiculturales o "compartidas" es *Mejores prácticas en parroquias compartidas: para que todos sean uno* publicado por el Comité de Diversidad Cultural en la Iglesia de la Conferencia de Obispos Católicos en los Estados Unidos (Washington, DC, 2013).

18. Véase *City, Temple, Stage: Eschatological Architecture and Liturgical Theatrics in New Spain* (Notre Dame, IN: University of Notre Dame Press, 2004) por Jaime Lara.

19. Estos últimos dos ejemplos, el de Las Cruces, Nuevo México y el de La Verne, California, se citan en un artículo que escribí con el título "Seven Tips on the Pastoral Care of U.S. Catholics of Mexican Descent" publicado en *Chicago Studies* 36, no. 3 (diciembre de 1997): 255-69.

20. Como se reporta en *Encuentro & Mission*, no. 65.

21. Véase "Acculturation and Mental Health" por John W. Berry y Uichol Kim en *Health and Cross-Cultural Psychology: Towards Applications*, editado por P. R. Dasen, J. W. Berry y N. Sartorius (Newbury Park, CA: SAGE Publications, 1988), 207-36; "Counseling Hispanic Americans", el capítulo 14 de *Counseling the Culturally Different: Theory and Practice*, 3a edición, por Derald Wing Sue y David Sue (Nueva York: John Wiley & Sons, 1999), 286-303; y "The Relationship Between Acculturation and Ethnic Minority Mental Health" por Pamela Balls Organista, Kurt C. Organista y Karen Kurasaki en *Acculturation: Advances in Theory, Measurement, and Applied Research*, editado por Kevin M. Chun, Pamela Balls Organista y Gerardo Marín (Washington, DC: American Psychological Association, 2003), 139-61. Otro recurso valioso es Velásquez, Roberto J., Leticia M. Arrellano y Brian W. McNeill, ed., *The Handbook of Chicana/o Psychology and Mental Health* (Mahwah, NJ y Londres: Lawrence Erlbaum Associates, Publishers, 2004).

22. J. W. Berry y U. Kim, "Acculturation and Mental Health", 211.

23. J. W. Berry y U. Kim, "Acculturation and Mental Health", 212.

24. J. W. Berry y U. Kim, "Acculturation and Mental Health", 212.

25. J. W. Berry y U. Kim, "Acculturation and Mental Health", 212.

26. Balls Organista, Organista y Kurasaki, "Relationship", 150, se refieren al trabajo de Roger y otros (1991).

27. Facts on Latinos in America | Pew Research Center.

28. Véase sobre todo la Publicación 1 de *Perspectives on Hispanic Youth and Young Adult Ministry*, con el título "Welcoming the Hispanic Youth/Jóvenes in Catholic Parishes and Dioceses" por Ken Johnson-Mondragón (Stockton, CA: Instituto de Fe y

Vida Research and Resource Center, 2003) y, en la misma serie, la Publicación 2, su "Youth Ministry and the Socioreligious Lives of Hispanic and White Catholic Teens in the U.S., Based on the National Study of Youth and Religion (NSYR)" (Stockton, CA: Instituto Fe y Vida Research and Resource Center, 2005). Otros artículos recientes de ayuda incluyen Gary Riebe-Estrella, SVD, "A Youthful Community: Theological and Ministerial Challenges". *Theological Studies* 65 (2004): 298–316; George Boran CSSP, "Hispanic Catholic Youth in the United States", en *Bridging Boundaries: The Pastoral Care of U.S. Hispanics*, editado por Kenneth G. Davis y Yolanda Tarango (Scranton: University of Scranton Press, 2000), 95–105; Arthur David Canales, "A Reality Check: Addressing Catholic Hispanic Youth Ministry in the United States of America (Part 1)", *Apuntes* 25, no. 1 (primavera de 2005): 4–23, y "Reaping What We Sow: Addressing Catholic Hispanic Youth Ministry in the United States of America (Part 2)", *Apuntes* 25, no. 2 (verano de 2005): 44–74; y James Empereur y Eduardo Fernández, capítulo 3, "The Passage Into Adulthood in Church and Family", en *La Vida Sacra: Contemporary Hispanic Sacramental Theology* (Lanham, MD: Rowman & Littlefield, 2006), 100–42.

29. "Cultural Values of Hispanics", difundido por Hispanic Ministry in the Carolinas al www.hispanic-ministry.org/resources/brochure_values.pdf, accesado el 17 de agosto de 2006.

30. Pew Research Center: https://www.pewresearch.org/fact-tank/2016/07/28/5-facts-about-latinos-and-education/.

31. Pew Research Center: https://www.pewresearch.org/fact-tank/2016/07/28/5-facts-about-latinos-and-education/.

32. *Encuentro & Mission*, no. 75. Para datos más recientes, véase "Section III: Faith Formation" del estudio de Ospino anteriormente mencionado, "Hispanic Ministry in Catholic Parishes" (2014). Las estadísticas de CARA pintan un panorama con pocos profesionistas eclesiales laicos en el presente, sobre todo en relación al porcentaje alto de católicos hispanos, pero con optimismo respecto a los que están en preparación: "Aproximadamente uno

de cada diez ministros eclesiales laicos (LEMs, por sus siglas en inglés), los ministros laicos profesionales trabajando en parroquias (por ejemplo, los directores de música, los directores de educación religiosa) se autoidentifica como hispano o latino (el 9 por ciento), Sin embargo, el 43 por ciento de los estudiantes actualmente inscritos en los programas de formación para el ministerio laico en los EEUU se autoidentifican como hispanos o latino/as" ("Fact Sheet: Hispanic Catholics in the U.S." (CARA, 2000–2013).

33. Ken Johnson-Mondragón, citado en la revista *America* (4 de mayo de 2018), "The Hispanic Catholic Church in the U.S. is Growing, Survey Confirms" por J.D. Long-García.

34. Véase Dean R. Hoge y Aniedi Okure, OP, *International Priests in America: Challenges and Opportunities* (Collegeville, MN: Liturgical Press, 2006), 30.

35. D. R. Hoge y A. Okure, OP, *International Priests in America*, 30. El estudio de Hoge y Okure, el cual incluye muchas entrevistas de diferentes perspectivas, es innovador y revelador. Lo recomiendo altamente, sobre todo dado el hecho que el 16 por ciento de los sacerdotes ejerciendo el ministerio en los Estados Unidos de América a partir del 1985 fueron nacidos en el exterior y este número está aumentando. David Crary, escribiendo en la revista *Crux*, nos da estadísticas más recientes respecto al número de sacerdotes y seminaristas hispanos: "Según el conteo más reciente de la conferencia de los obispos, hay aproximadamente 37,300 sacerdotes basados en los EEUU. Entre ellos se encuentran aproximadamente 3,000 hispanos – de los cuales más de 2,000 son nacidos en el exterior. Este número es sorprendentemente pequeño, dado que la proporción de hispanos en la población católica de EEUU es del 40 por ciento. Se puede cerrar la brecha, pero tal vez no de manera rápida. Según investigadores católicos en la Universidad de Georgetown, el 14 por ciento de los hombres

en plan para ordenarse en 2019 fueron hispanos – y muchos eran extranjeros" (15 de marzo de 2020).

36. Alejandro Aguilera-Titus, "Pastoral Principles to Further Develop Hispanic Ministry", *¡En Marcha!* (otoño-invierno de 2002): 13–14. Los principios que aquí aparecen se tomaron palabra por palabra de su artículo.